십대를 양육하기는 여전히 힘든데 적절한 지도와 도움은 찾아보기 힘든 이때, 브라이언과 앤절라 헤인즈의 책이 그 빈자리를 메운다. 하나님이 그들에게 주신 통찰력은 경험과 성경 이해에서 우러난 귀한 선물이다. 그 모두가 이 책에 들어 있다!

― 래리 파울러Larry Fowler, 레거시 코얼리션Legacy Coalition **설립자**

브라이언과 앤절라 헤인즈가 다룬 주제는 현재 십대 자녀 다섯을 기르면서 이 복잡한 소명과 청지기의 특권으로 씨름하는 내게 절절히 와닿는다. 이 분야에 더 많은 목소리가 필요하며, 하나님이 그들에게 허락하신 희비와 연구와 통찰을 우리도 들어야 한다. 자신들의 연약한 부분까지 드러낸 헤인즈 부부의 간증은 같은 길을 걷는 부모들에게 큰 격려가 될 것이다.

― 베스 거큰버거Beth Guckenberger, **『잊히지 않은 자들의 이야기**Tales of the Not Forgotten**』 저자, 백투백**Back2Back **사역 재단 공동 이사**

십대 자녀를 여럿 둔 부모로서 참 반가운 책이다. 이 책은 탁상공론이 아니라 타락한 세상에서 십대를 사랑하기가 얼마나 어려운지를 실생활로 파헤친다.

― **티머시 폴 존스**Timothy Paul Jones, **서던 침례신학대학원 부총장 겸 기독교 가정 사역 교수**

부모라면 누구나 꼭 읽어야 할 책이다. 브라이언과 엔절라 헤인즈는 자녀의 성장기가 두렵고도 경이로운 때임을 일깨우며, 부모의 자리라는 특권을 활용할 수 있는 실제적 원리를 제시한다.

― **스티브 스트루프**Steve Stroope, **『부족 교회**Tribal Church**』 저자, 레이크포인트 교회 목사**

MZ
십대, 치열하게 붙잡으라

브라이언·앤절라 헤인즈 지음
윤종석 옮김

MZ-십대, 치열하게 붙잡으라

1쇄 발행	2024년 11월 4일
지은이	브라이언·앤절라 헤인즈
옮긴이	윤종석
펴낸이	고종율
펴낸곳	주)도서출판 디모데〈파이디온선교회 출판 사역 기관〉
등록	·2005년 6월 16일 제319-2005-24호
주소	서울특별시 서초구 서초대로 141-25(방배동, 세일빌딩)
전화	마케팅실 070) 4018-4141
팩스	마케팅실 02) 6919-2381
홈페이지	www.timothybook.com
ISBN	978-89-388-1711-2 (03230)

ⓒ 2024 도서출판 디모데 All rights reserved. 〈Printed in Korea〉

Relentless Parenting

ⓒ 2016 by Brian&Angela Haynes
Originally published in English under the title *Relentless Parenting* by
Randall House, 114 Bush Road, Nashville, TN 37217, USA.
All rights reserved.

This Korean translation edition ⓒ 2024 by Timothy Publishing House,
Inc., Seoul, Republic of Korea
Published by arrangement with D6 Family Ministy, P.O. Box 17306,
Nashville, TN 37217, USA.

이 한국어판의 저작권은 D6 Family Ministry와 비독점 계약한 (주)도서출판
디모데에 있습니다. 신저작권법에 따라 한국 내에서 보호받는 저작물이므로 무단
전재와 무단 복제를 금합니다.

십대를 키우며
좌절하는 부모를 위한
양육 솔루션

MZ 십대, 치열하게 붙잡으라

브라이언·앤절라 헤인즈 지음
윤종석 옮김

사랑하는 헤일리와 매들린과 이든에게

언젠가 우리 세 딸과

결혼할 아들들을 기르고 있을 부모들에게…

"들으라!"

_신명기 6:4-7

감사의 말

몇 년 전부터 우리는 가정을 세워 제자로 삼도록 교회들을 이끌고 있다. 그때는 꿈에도 몰랐지만, 하나님은 우리 부부의 영향력이 우리 집과 교회를 넘어서게 하셨다. 예수님이 그분을 위해 무언가를 전하도록 우리를 써주시니 겸허히 감사드릴 뿐이다. 특히 그분이 우리에게 전하게 하신 메시지는 부모의 마음을 자녀에게로 돌이키고, 자녀의 마음을 부모에게로 돌이키는 아주 중요한 것이다. 우리는 예수님을 만왕의 왕이요, 만주의 주로 고백한다. 그분은 알파와 오메가시고, 시작과 마침이시다. 세상 죄를 지고 가는 하나님의 어린양으로서 죄의 끔찍한 결과를 뒤집으시고 승리하셨다. 또 예수님은 그분을 사랑하고 명령에 순종하는 이들에게 천 대까지 사랑의 언약을 지키시는 선한 목자시다. 우리가 이 책을 쓴 것은 그분을 위해서였고, 그분 덕분에 가능한 일이었다.

지칠 줄 모르고 이 프로젝트를 지지해준 산드라 하디스티와 케이티 버컬루에게 감사하고 싶다. 텍사스주 자메이카비치의 자택을 우리에게 집필 공간으로 제공해준 프랜시스 녹스에게 다시 한번 감사한다. 우리의 메시지를 믿어준 랜들하우스 출판사와 D6 패밀리, 특히 미셸 오어와 론 헌터에게 감사한다. 우리의 협력을 통해 세상이 한 가정씩 꾸준히 달라지기를 기도한다.

머리말

우리는 부족하지만, 지금까지 우리의 이야기에는 늘 은혜가 넘쳤다. 이 책은 우리가 가정 사역과 자녀 양육에 대해 쓴 세 번째 책이다. '우리'라고 한 이유는 처음 두 책이 내 이름으로 간행되긴 했어도, 앤절라의 지혜에 힘입어 책이 쓰였고, 우리 두 사람이 함께 자녀 양육을 했기 때문이다. 내가 집필과 강연을 통해 많은 교회와 가정에 자녀를 영적으로 이끌 전략을 세워줄 수 있었던 것도 아내가 자신을 희생한 덕분이다. 첫 책 『변화: 오늘의 가정 사역*Shift: What it Takes to Finally Reach Families Today*』은 아이들을 성경적으로 이끄는 법을 배우려던 우리 둘의 씨름에서 태동했다. 우리가 개발한 계획이 교회에까지 널리 쓰이게 될 줄은 생각지도 못했다.

그 책 1장은 이렇게 시작된다. "평생 잊지 못할 것이다. 그날 나는 딸의 새 분홍색 책가방을 싸고 신발 끈을 묶어준 뒤 딸을 카 시트에 앉혀 학교로 데려갔다. 큰딸 헤일리의 초등학교 입학 날이었는데 딸은 준비되어 있었으나 나는 완전히 엉망이었다."[1] 그날 이후로 많은 것이 변했다. 이제 우리 집에는 십대가 둘이고 막내도 그 나이를 앞두고 있다. 얼마 전에는 하나님이 텍사스에 선물로 주신 패스트푸드 햄버거 전문점 왓어버거에 앉아, 그 옛날 카 시트에 앉던 딸이 차를 몰고 떠나는 모습을 지켜보았다. 우리는 딸을 학교에 데려다주던 첫해를 떠올리며 웃었다. 자녀 양육이란 얼마나 종잡을 수 없고 어설프며 스트레스가 많고 은혜가 충만한 치열하고도 즐거운 여정인가. 정말이지 이 일은 해도 해도 끝이 없는 데다 매 순간 변하는 것 같다.

십대 자녀를 기르는 시기는 유독 힘들지만, 신기하게도 좋은 때이기도 하다. 우리도 그 시기를 보내고 있으니 두말할 나위가 없다. 우리가 십대를 양육한 지는 이미 5년째고, 내 계산이 정확하고 주님의 뜻이라면 최소한 십대 한 명을 앞으로도 11년은 더 양육해야 한다. 당연히 우리 주위에는 십대 아이들과 그 가족

---

[1] Brian Haynes, *Shift: What it Takes to Finally Reach Families Today* (Loveland, CO: Group Publishing, 2009), 27.

들이 많다. 우리 절친만 하더라도 사춘기 자녀를 둔 부모가 대다수다. 거기에 우리가 지역 교회와 가정 사역에서 하는 일까지 더하면, 우리와 직간접으로 소통하는 십대 부모는 그야말로 무수히 많다.

   그 과정에서 우리 눈에 띈 한 가지 추세가 있는데, 그것이 이해되면서도 서글프다. 우리가 보기에, 수많은 십대 부모가 좌절에 빠져 있는 듯하다. 심지어 사춘기 자녀에게서 적잖은 모멸감과 단절감을 느낀다고 말하는 이들도 있다. "동물이 왜 새끼를 잡아먹는지 이제 알 것 같아요." "어서 아이들이 집을 떠났으면 좋겠습니다." 십대 부모에게서 이런 말을 들은 적이 한두 번이 아니다. 이런 정서는 대게 관계 단절과 맞물려 있다. 이 연령대와는 치열하게 부대끼기보다 거리를 두는 편이 더 쉽기 때문이다. 당신도 비슷한 생각을 해봤거나 자녀의 멸시와 외면을 느껴본 적이 있을 수 있다. 십대 자녀를 키울 때는 쉬운 길로 가려는 유혹이 들 수 있다. 그들을 이끄는 데 수반되는 충돌을 피하고 싶은 것이다. 십대 자녀를 대하노라면 얼마든지 절망감이 들 수 있다. 그냥 자녀 양육의 새로운 시기를 헤쳐나갈 실제적 도움이 필요하다고 느낄 수도 있다. 다 충분히 이해한다. 우리도 느끼고 생각하고 겪어본 일이며, 지금도 경험하는 일이다. 우리도 당신처럼 나그네인지라 십대 자녀의 마음을 치열하게 추적하려면 다른 사람들의 격려가 필요하다.

    이 책에서 우리는 세 딸에게 불명예가 되지 않는 한 최대한 솔직하고 투명해지려고 했다. 당신이 읽을 모든 사례는 그들의 허락을 받고 나누는 것이다. 우리부터 마음을 열어야 당신도 십대 자녀를 치열하게 사랑하는 법을 가장 잘 배울 수 있을 것이다. 당신을 위해 우리가 기도했으니 안심하고 읽으라. 일일이 이름을 부르지는 못해도 하나님의 인도로 이 책을 읽을 모든 부모를 위해 전반적으로 기도해왔다. 성인이 되어가는 자녀와의 관계에서 주님이 당신에게 풍성한 소망과 기쁨을 주시기를 기도한다. 눈앞이 캄캄할 때 초자연적 지혜를 주셔서 어찌해야 할지를 알려주시기를 기도한다. 십대 자녀를 성경에 따라 이끌려는 당신을 하나님이 한 걸음씩 인도해주시기를 기도한다. 내키지 않을 때도 그들을 치열하게 추적하려는 당신의 마음을, 주님이 자녀의 마음과 연결해주시기를 기도한다. 친구여, 당신은 혼자가 아니다. 절실한 일이니만큼 치열하게 하라.

차례

감사의 말   9
머리말   11

1장 ──── 십대 자녀,   17
             어떤 존재인가

2장 ──── 자녀가 십대일수록   35
             가정이 중요하다

3장 ──── 상황에 끌려다니지 말고   63
             긍휼로 일관하라

4장 ──── 자녀에게   77
             시간을 투자하라

5장 ──── 경계를   101
             설정해주라

6장 ──── 상처 주는 말이 아닌   127
             힘이 되는 말을 하라

7장 ──── 자녀의 말을   147
             경청하는 법을 배우라

8장 ──── 정체성을   167
             세워주라

9장 ──── 하나님 앞에서   189
             당신 먼저 해방돼라

맺는말   213

나에게 이르시기를 "내 은혜가 네게 족하도다.

이는 내 능력이 약한 데서 온전하여짐이라" 하신지라.

그러므로 도리어 크게 기뻐함으로

나의 여러 약한 것들에 대하여 자랑하리니

이는 그리스도의 능력이 내게 머물게 하려 함이라.

그러므로 내가 그리스도를 위하여

약한 것들과 능욕과 궁핍과 박해와 곤고를 기뻐하노니

이는 내가 약한 그때에 강함이라.

_고린도후서 12:9-10

1장.
십대 자녀,
어떤 존재인가

이렇게 시작하자. 하나님이 왠지 우리를 통해 다른 부모들에게 말씀하고 계시긴 하지만 우리는 전문가가 아니다. 우리도 당신처럼 여정 가운데 있다. 일생을 마치고 뒤돌아볼 때 우리 다섯 식구로부터 자손에게로 전수된 신앙의 유산을 보는 것이 우리의 기도 제목이다. 아직은 거기에 도달하지 못했다. 지금은 뒤돌아볼 때가 아니다. 승리를 선언하기에는 너무 이르다. 현재 우리는 자녀 양육이라는 가장 즐겁고 아찔하며 은혜에 덮인 모험과 사랑 이야기 속에 들어와 있다. 게다가 두 자녀는 십대다. 아이마다 완전히 독특하고 그 자체로 복이라서 무엇과도 바꿀 수 없다. 우리는 세 딸을 뜨겁게 사랑한다. 그들을 성인으로 길러낸다는 것이 어떤 의미인지 날마다 배우는 중이다. 생전 처음 해보는 일인 데다 우리가 부족하고 미숙하고 솔직히 죄인이다 보니 쉽지 않다. 하나님은 무슨 생각으로 40대 죄인들을 십대 죄인들의 부모로 삼으신 것일까? 그래도 우리에게 이 여정은 틀림없이 평생 가장 놀라운 경험이며, 그래서 감사하다. 하나님을 사랑하고 또 그분이 주신 자녀를 사랑하기에 우리는 충실할 수밖에 없다. 당신도 마찬가지일 것이다.

십대를 기르는 일은 아동을 양육하는 것과는 다르다. 네 살짜리가 바로 눈앞에서 거의 순식간에 열네 살이 되다니 참 신기하다. 눈을 들여다보면 여전히 네 살짜리가 보이긴 하지만, 열네 살이면 신체적, 생물학적, 정서적, 영적인 모든 면에서 급격한 변화를 겪는다. 스스로 생각하고 꿈꾸면서 자신의 방식대로 살기 시작한다. 물론 아직은 부모의 보호 아래 있다. 그러니 지금은 부모가 손을 뗄 때가 아니다. 십대가 어떤 존재며, 여태 우리가 길러온 어린아이와는 무엇이 다른지 알아야 한다. 그들이 적어도 아직은, 어떤 존재가 아닌지도 분명히 알아야 한다.

십대 자녀는 누구인가?

아빠로서 나는 십대 자녀의 변화에 충격을 받은 적이 여러 번 있다. 때로 내 머릿속에서 그들은 여전히 일곱 살이다. 최근에 교회 행사 도중에 우리 딸을 찾아야 할 일이 있었다. 장내를 서너 번 눈으로 훑었다. 근처도 보고 멀리도 보았다. 결국 다른 사람에게 그 아이를 본 적이 있느냐고 물었다. 그 사람이 가리켜 보인 탁자에는 어떤 아리따운 아가씨가 등을 돌린 채 내 아내와 함께 앉아 있었다. 우리 딸이었다. 내가 서너 번이나 딸을 놓쳤던 것은 어린 소녀를 찾고 있었기 때문이다. 많은 부모가 이런 갑작스러운 깨달음의 순간에 두려움을 느낀다. 그러나 우리는 믿음으로 행하며 사춘기 자녀가 어떤 존재인지 힘써 알아야 한다.

기본적으로 알아야 할 것은 당신의 십대를 하나님이 지으셨고, 온 인류처럼 그들도 그분의 자녀라는 사실이다. 좋은 하루였든 힘든 하루였든 관계없이 십대 자녀의 얼굴을 볼 때면 이 사실을 명심하라. "하나님이 자기 형상 곧 하나님의 형상대로 사람을 창조하시되 남자와 여자를 창조하시고 창 1:27." 당신의 십대는 하나님의 형상대로 창조되었다. 성경적 세계관을 품은 사람에게는 여기가 자녀 양육의 출발점이다. 꼭 사춘기만 아니라 다른 시기에도 마찬가지다. 이 핵심 개념에 함축된 의미가 있다. 우리 자녀를 하나님이 지으셨다면 그분이 그들을 가장 잘 아실 수밖에 없다. 그분은 그들의 영적, 신체적, 정서적 실상을 훤히 아신다. 머리의 생각과 마음의 묵상을 아시며 왜 입에서 저런 말이 나오는지도 아신다. 하나님은 그들의 설계자시며, 온전한 아버지시다. 그래서 그들에게 무엇이 언제 어떻게 필요한지 아신다. 기쁜 소식은 그분이 당신의 설계자시기도 하다는 것이다. 그래서 당신에게 어떤 지혜가 언제 어떻게 필요한지 아신다. 우리의 양육 솜씨가 턱없이 부족할 때도 그분은 온전한 아버지시다. 그분은 당신에게 은혜와 인내와 끈기와 긍휼함이 필요한 때를 아신다. 당신이 화날 때도 아시고, 그 분노가 의로울 때와 의롭지 못한 때도 아신다. 그분은 당신의 상담자요 공급원이시다. 이것이야말로 소망과 위로의 놀라운 초자연적 근원이다. 하나님이 당신을 청지기로 택하여 그분의 피조물(십대 자녀)을 맡기셨음을 잊지 말라. 그래서 부모의 자리는 복이며, 자녀가 그분의 피조물임을 아는 것이 기본이다. 그런데 그들이 그분의 형상대로 지어졌다는 사실은 때로 우리를 당혹감에 빠뜨린다. 좋을 때야 하나님의 솜씨가 금방 눈에 띈다. 하지만 당신도 우리와 같다면 힘들 때는 자녀에게서 당신 자신의 형상밖에 보이지 않을 것이다. 잘못된 행동과 죄에 빠지기 쉬운 속성 말이다. 이럴 때일수록 우리가 누구의 피조물을 맡은 청지기인지를 기억하는 게 중요하다.

온전하신 아버지 하나님은 우리의 십대를 창조만 하시고 손을 떼신 게 아니다. 또한 그들 각자를 그분의 영광을 위해 독특하게 구별되는 존재로 지으셨다. 다음 시편 말씀처럼 말이다. "주께서 내 내장을 지으시며 나의 모태에서 나를 만드셨나이다 내가 주께 감사하옴은 나를 지으심이 심히 기묘하심이라 주께서 하시는 일이 기이함을 내 영혼이 잘 아나이다 내가 은밀한 데서 지음을 받고 땅의 깊은 곳에서 기이하게 지음을 받은 때에 나의 형체가 주의 앞에 숨겨지지 못하였나이다 내 형질이 이루어지기 전에 주의 눈이 보셨으며 나를 위하여 정한 날이 하루도 되기 전에 주의 책에 다 기록이 되었나이다시편 139:13-16."

지금의 십대 자녀가 잉태되던 순간부터 하나님은 그들의 마음과 생각과 영혼과 몸을 빚으셨고, 거기에는 단지 부모인 우리에게 복을 주시려는 것보다 더 큰 목적이 있다. 그들이 자신을 향한 그분의 목적과 계획대로 살면, 창조 세계의 거대한 모자이크 중 일부가 신기하게 채색되어 대대로 하나님을 영화롭게 한다. 자녀마다 독특하다 보니 그들에게 필요한 성격과 재능과 열정과 꿈도 그들이 사랑하는 엄마 아빠와는 전혀 다를 수 있다. 그래서 십대 때부터 나타나는 성격과 성향과 갈망을 잘 갈고

닮아야 한다. 하나님은 교회와 대인 관계와 환경 같은 수많은 경험 중에서 특히 부모와 원가족을 통해 자녀를 그분의 영광을 위해 친히 설계하신 본연의 남녀로 빚으신다. 이것을 큰 소망으로 여기라. 하나님이 우리의 십대를 바로 그분의 목적을 이루도록 창조하셨다. '우리 아이가 눈물겹도록 자랑스러운' 절정의 순간에는 그 원리가 잘 보인다. 그러나 '암울하고 두려워 쓰레기통에 토할 것 같은' 순간에도 그 법칙은 똑같이 진리다. 십대 양육이라는 천 길 낭떠러지에 매달린 듯한 심정일 때 여기 당신이 붙잡을 것이 있다. 바로 당신의 십대를 하나님이 그분의 뜻을 이루도록 그분의 형상대로 독특하게 지으셨다는 사실이다. 이것이 십대를 기르는 부모의 기초이자 소망, 목표다. 정신없이 뒤치다꺼리하다 보면 그들이 누구인지를 잊기가 너무 쉽다.

　부모로서 청소년 발달의 제반 측면을 알면 도움이 된다. 십대를 양육하고 있다면 당신도 자녀의 몸이 급변하고 있음을 알 것이다. 호르몬이 날뛰는 현실도 틀림없이 수시로 관찰하게 될 것이다. 그러나 당신이 생각해보지 못한 일들도 진행하고 있을 수 있다. 여기 부모인 당신의 혼란이나 좌절을 덜어줄 만한 정보가 있다. 국립정신건강연구소는 "십대의 뇌는 아직 공사 중이다"라는 제목의 기사에서 십대의 두뇌 발달과 관계된 여러 연구 결과를 소개했다. 거기서 도출된 단순한 결론이 우리에게 깨달음을 준다. 인간의 뇌는 20대 초반까지는 여러모로 성인의 뇌가 아니다. 건강한 몸과 체력 면에서는 십대가 일생의 절정을 구가할지 몰라도, 흥미롭게도 뇌는 아직 발육하고 있다. 그래서 다음 사실이 어쩌면 뜻밖은 아닐 것이다. "뇌의 가장 기본적인 기능들이 먼저 발육된다. 예컨대 오감으로 수집되는 정보를 처리하고 동작을 제어하는 기능이다. 반면 충동을 다스리고 미리 계획하는 등의 더 '포괄적' 제어, 즉 성인 행동의 특징을 관장하는 뇌 부위는 맨 나중에 발달한다."[1] 동시에 호르몬이 날뛰면서 스트레스에 대한 뇌의 반응에 영향을 미친다. 경험으로도 뒷받침되는 우리의 결론은 이것이다. 즉, 십대는 학습 능력은 절정이지만 충동적 감정을 제대로 처리하기에는 역부족일 때가 많다. 아직 스트레스에 정서적으로 건강한 성인처럼 대응할 수 없음은 물론이다. 이 단편적 연구 결과가 말해주듯, 감정적이거나 충동적인 십대를 양육하는 부모는 당신만이 아니다.

흥미롭게도 기독교 사상가들에 따르면 뇌의 후기 발달은 환경과 밀접한 관계가 있다. 청소년 발육 분야의 유수한 전문가인 사우스웨스턴 침례신학대학원의 리처드 로스 Richard Ross는

---

[1] National Institute of Mental Health(연도 미상), *The Teen Brain Still Under Construction*, 2015년 2월 25일 접속, National Institute of Mental Health, https://bit.ly/479ut5N

이렇게 지적한다. "당신의 증조부는 17세에 온종일 노새를 몰아 밭을 간 뒤 집에 가서 아기를 봤을 것이다. 증조모도 똑같이 열심히 일했고, 마찬가지로 수완이 좋았을 것이다. 16세에 직접 만든 비누로 손빨래하고, 직접 불을 피워 요리하며, 직접 기른 닭을 굽고, 자녀를 보살피며, 텃밭까지 가꾸었다. 그러고도 남편을 시중들 시간이 남았다. 둘 다 각자의 역할을 잘 수행한 이유는 어른들이 그들을 어려서부터 바로 그렇게 준비시켰기 때문이다."[2] 당신도 "요즘 애들은…"이라는 말을 많이 들어보았을 것이다. 청소년 문화를 보며 답답해서 흔히 냉소적인 어조로 하는 말이다. 하지만 '요즘 애들'도 '옛날 애들'처럼 환경과 문화의 산물일 소지가 크다. 부모인 우리가 거기에 영향을 미친 것이다.

전반적 연구에 따르면, 뇌는 평생 끊임없이 발육되고 재편되며, 이를 좌우하는 요소는 생물학과 생리학만 아니라 경험이다. "우리가 선택하는 경험과 관심 대상이 자기 뇌의 구조와 기능을 형성한다는 뜻이다. 이런 형성 작업은 각자가 선택하는 대로 평생 계속된다."[3] 이것은 사춘기 자녀를 둔 부모라면 누구나 알

---

[2] Richard Ross, *Accelerate: Parenting Teenagers Toward Adulthood* (Bloomington, IN: CrossBooks, 2013), 10.

[3] William R. Yount, *Created to Learn: A Christian Teacher's Introduction to Educa-*

아야 할 중요한 개념이다. 그들의 뇌가 아직 다 발육되지 않아 충동적 행동이 나오긴 하지만, 아동기와 사춘기의 경험은 두뇌 발달에 실제로 중요하다. 우리 선조들이 십대 때 이미 어른 역할을 했던 것도 그래서다. 본보기와 경험을 통해 그들의 뇌가 그렇게 훈련되고 형성되었다. 당신이 부모로서 삶의 방식을 예시하고 아동기 경험을 제공하여 자녀의 두뇌 발달에 영향을 미칠 수 있으니 얼마나 다행인가.

그뿐 아니라 십대가 꾸준히 생각하거나 곱씹는 내용도 긍정적으로든 부정적으로든 뇌에 영향을 미친다. "관심을 무엇에 집중하느냐에 따라, 즉 저 행동이 아니라 이 행동, 저 태도가 아니라 이 태도, 저 생각이 아니라 이 생각에 집중하면 우리 뇌의 실제 구조와 배선이 평생 달라진다."[4] 이 또한 부모에게 기쁜 소식이다. 이상적으로 부모는 자녀가 어렸을 때부터 그리스도의 인격, 그분 말씀의 진리, 그분 뜻대로 사는 삶의 중요성, 그분이 주시는 사명의 무게 등에 관심을 집중하게 할 수 있다. 이른 나이에 시작하지 못했다면, 이제부터라도 신앙 공동체와 협력하여 십대 자녀의 초점을 그쪽으로 잡아줄 수 있다. 크게 힘든 일은 아니다. 이미 알고 있듯이, 십대 역시 삶의 영원한 목적을 찾

---

tional Psychology (Nashville, TN: B&H Publishing Group, 2010), 523.
4 같은 책, 532.

는다. 예수 그리스도의 구원을 남녀노소 각자에게 전하여 그 메시지로 한 사람의 운명이라도 영원히 변화시키는 것만큼 매력 있는 삶은 없다. 자녀가 무엇에 사로잡히느냐에 따라 그것이 평생 그들을 사로잡기 마련이다.

그래서 우리도 십대 자녀를 그리스도의 사명에 일부러 동참시키고 있다. 동네에서든 지구 저편에서든 복음으로 세상을 섬기면 그 영향이 아이의 삶에 평생 지속된다는 것을 우리 눈으로 보았기 때문이다.

오래전에 아내와 나는 어느 교회 중고등부에서 각각 리더와 목사로 섬겼다. 그때 십대 수십 명을 데리고 여러 지역에 국내, 해외 단기 선교를 다녔다. 우리가 직접 보았거니와 그렇게 단기나마 그리스도의 사명에 동참하도록 이끌어준 결과 그들은 매일 그리스도와 동행하는 사람이 되었다. 다분히 이것은 십대의 생각을 사로잡으시는 예수님의 능력 덕분이다. 그분은 그들을 이끌어 그분의 말씀을 묵상하게 하시고, 그분이 주시는 사명대로 살게 하신다. 다른 집 자녀들과 함께했던 그 경험이 나중에 우리에게 영향을 미쳤다. 그래서 지금 십대 부모로서 우리 집 아이들에게도 그 경험을 전수하고 있다. 그동안 우리 가족은 우리 동네, 교회, 도시에서는 물론이고, 멀리 중동의 험지에서도 나란히 함께 봉사했다. 우리 아이들이 충동적으로 행동하지 않는 완벽한 모습만 보여주는 것은 아니지만, 우리는 그들의 마음이 자라나 세상 사람들을 품는 모습을 종종 본다. 또 우리는 예수님의 나라를 확장하려는 열정도 길러주고 있다. 이것이 그들의 사고에 평생 영향을 미치기를 기도한다.

그러니 우선 심호흡을 하라. 긍정적 요소든 부정적 요소든 당신이 십대 자녀를 상대하며 겪는 일 중 일부는 정상이다. 청소년의 뇌가 그렇게 발육되어 있기 때문이다. 감사하게도 그 발육에 우리가 부모로서 영향을 미칠 수 있다. 경험을 마련해주고 초점을 잡아주면 된다. 하나님의 도움으로 우리는 그분이 계획하신 독특한 목적을 이루도록 십대 자녀를 형성할 수 있다.

십대 자녀, 이런 사람은 아니다

십대 자녀가 현재 어떤 존재인지를 아는 것만큼이나 반대로 어떤 존재가 아닌지를 아는 것도 똑같이 중요하다. 키도 크고 체격도 벌어지고 힘도 세져서 어른처럼 보이지만 십대는 아직 정신적, 정서적으로 성숙하지 못하다. 다시 말해, 여전히 길잡이와 경계와 지도가 필요하다. 어쩌면 이전보다 지금 더 필요하다. 그런데 안타깝게도 십대 자녀를 둔 부모는 성인이 되어가는 자녀의 진정한 필요를 모른 채 지나치게 단속하거나 그냥 방임할 때가 많다. 대개 초등학생을 양육할 때와는 사뭇 다르게 힘들어지기 때문이다. 십대는 이제 매사에 시시콜콜 지시받아야 할 어린아이는 아니다. 그러나 아직 성인도 아니라서 결정 능력이 미숙하며, 스트레스가 심할 때는 특히 더하다. 특유의 충동성과 극심한 감정 기복이 언제라도 우리를 속일 수 있음을 잊지 말라. 겉모습은 어른 같을지 몰라도 그들에게는 십대 시절만의 삶, 각자의 성격, 책임감을 보이는 수준 등에 맞게 조정된 부모의 양육이 필요하다. 몇 가지 명확한 진술로 표현하자면 당신의 십대 자녀는 이런 사람이 아니다.

- 당신의 십대 자녀는 아직 성인이 아니다.
- 당신의 십대 자녀는 아직 책임자가 아니다.
- 당신의 십대 자녀는 완벽하지 않다.
- 당신의 십대 자녀는 잘못된 결정을 내릴 때도 있다.
- 당신의 십대 자녀는 감정을 당신 수준에서 처리할 수 없다.
- 당신의 십대 자녀는 부모가 아니다.

누구나 할 수 있는 뻔한 진술 같겠지만, 우리가 배웠듯이 이런 단순한 개념을 잊기가 너무도 쉽다. 우리는 자신도 모르게 어느새 십대 자녀에게 성인처럼 사고하고 처리하기를 기대할 때도 많고, 그들의 잘못된 결정에 깜짝 놀라기도 한다.

몇 년 전에 우리는 아이들을 시내 저편의 새 학교로 전학시켰다. 전체적으로 결국 좋은 투자이자 경험이 되었지만, 아이들은 새로운 삶을 시작하느라 친구들과 헤어져야 했다. 십대 딸은 금세 좋은 친구들을 사귀었고 감사하게도 그중 하나와 특히 친해졌다. 부모로서 우리는 늘 친구의 영향과 또래 관계에 대해 기도한다. 둘은 서로 잘 맞는 것 같았고 사실 지금도 그렇다. 다만 한 가지 작은 변수가 생겼다. 그 친구가 더는 우리 딸하고 같은 학교에 다니지 않게 된 것이다.

친구가 학교를 떠난다는 소식에 딸은 망연자실했다. 여전히 교회에서 어울릴 수 있고 시간 나는 대로 주말에 만날 수 있더라도, 이제 절친으로서 날마다 온종일 붙어 다닐 수는 없을 테니 말이다. 일상생활의 활기를 잃은 딸은 행복하지 않았다. 슬픔과 분노에 휩싸였고 약간 불안해하기까지 했다. 딸이 감정을 처리한 방식은 누구나 예상하는 대로였다. 그런데 나는 딸에게 40대 남자의 사고방식을 기대했다. 여자아이에게 '성인 남자'의 반응을 기대한 나와는 반대로 아내는 딸의 정서적 발달 상태를 감안하여 잘 대처했다. 십대 딸에게 필요한 것은 신속한 해법보다 누군가의 경청이었다. 아내는 열 살 무렵에 자신의 친구가 이사하는 바람에 친구를 잃었던 경험을 떠올렸다. 상실의 아픔과 슬픔이 가슴에 사무치던 그때를 생각하니 딸의 사정이 공감되고 이해되었다고 한다. 딸은 그런 엄마와 함께 백화점 안을 몇 시간 동안 돌고 돌면서 고통과 분노와 두려움을 대화로 풀어냈다. 대화가 끝났을 때 아내는 딸을 끌어안으며 "끝까지 함께 걸을게"라고 말했다. 딸에게 필요한 것이 바로 그것이었다. 십대 자녀를 가장 효과적으로 양육하려면 청소년기의 그들을 있는 그대로 받아들이고 그들이 아직 성인이 아님을 알아야 한다.

우리도 당신처럼 나그네로서 배우면서 해나가고 있다. 이번 장의 주제와 관련하여 그동안 우리가 깨달은 다섯 가지 실천이 자녀 양육에 도움을 줄 것이다.

1. 자녀의 독특한 성향을 알고 그에 따라 양육하라

각 자녀가 독특한 목적을 위해 하나님의 형상대로 지어졌음을 알면, 자녀를 여럿 둔 부모로서 자녀마다 아주 다르다는 사실을 이해하는 데 도움이 된다. 아이마다 성격도 독특하고, 타고난 기호도 다르며, 꿈과 열정과 재능도 제각각이다. 그래서 부모가 각 자녀의 개성을 알고 그에 따라 이끄는 것이 중요하며, 십대의 부모라면 특히 더하다. 성경 잠언은 약속 어음이 아니라 지혜 문학이다. 잠언 22장 6절은 "마땅히 행할 길을 아이에게 가르치라 그리하면 늙어도 그것을 떠나지 아니하리라"고 말하는데, 원어를 어떻게 해석하느냐에 따라 자녀를 각자의 성향대로 가르치라는 의미도 된다. 부모로서 우리는 자녀의 독특한 성향을 파악하여 하나님이 설계하신 삶 쪽으로 지도하려 애쓴다. 이것을 알면 자녀를 예수님의 제자로 양육하는 방식도 달라지고 훈육하는 방식도 달라진다. 또 십대 자녀에게 어떤 기회를 마련해줘야 할지 깨달음이 오고, 그들을 하나님이 원하시는 성인이 되도록 지도하는 데 도움이 된다.

2. 거시적 안목을 잃지 말라

우리는 수시로 한 걸음 물러나 전체를 조망하는 게 중요하다는 사실을 배우고 있다. 십대 자녀를 둔 부모는 늘 되풀이되는 소소한 일과에 파묻히기 쉽다. 한 걸음 물러나라. 말씨름과 실망과 낙심 너머, 하루의 순항이나 순간의 스트레스 너머에 더 원대한 계획이 있다. 자녀의 정체성과 변해가는 모습을 지켜보라. 두려움이나 좌절이 몰려올 때는 상황의 경중을 바로 알게 해줄 요긴한 질문이 있다. '이것이 10년 후에도 중요할까?' 우리가 십대 부모로서 애쓰거나 꿈꾸거나 속상해하는 문제 중 태반은 10년 후에는 중요하지 않다. 거시적 안목으로 보라. 자녀를 치열하게 추적할 것과 하나님이 그분의 영광을 위해 설계하신 각자의 인생 항로를 찾아나가도록 도울 것을 잊지 말라.

3. 긍휼이 먼저고 그다음이 지혜다

우리가 배운 점이 또 있다. 말하기 전에 포옹부터 하면 자녀가 우리 말을 더 잘 들을 수 있다. 대개 십대 자녀는 우리가 그들의 말을 경청하고 그들을 사랑한다는 것을 알 필요가 있다. 그것을 아는 자녀는 부모가 나누어주는 지혜를 기꺼이 듣는다. 부모가 무조건 지혜로 이끌려고 할 때, 십대 아이는 그것을 지시받는 것처럼 느낄 수 있다. 그러나 포옹부터 하면 아이는 "어떻게 해야 할까요?"라는 질문을 한다. 먼저 인내하며 긍휼을 베풀고, 그 후에 지혜의 말로 마무리하라. 십대 자녀의 머리에 이르려면 마음을 통과해야 한다. 마음이 서로 통해야 그 물줄기를 따라 지혜로운 조언이 흘러갈 수 있다.

4. 수면이 중요하다

대다수 연구에 따르면, 십대에게 필요한 수면은 하루 8-10시간이다. 그런데 수면이 부족한 십대가 많다. "연구 결과 사춘기의 뇌 활동은 정상적 수면을 방해하여 십대가 밤늦도록 자지 못하는 습관을 형성할 수 있다. 수면 부족은 피로와 집중력 저하 같은 당연한 결과를 낳을 뿐 아니라 짜증과 우울의 확실한 요인이기도 하다. 아동기와 사춘기 연구를 종합해보면 수면 부족은 충동적 행동을 부추길 수 있으며, 비행의 원인이 된다는 연구 결과도 있다. 충분한 수면은 심신 건강의 필수 요소다."[5] 우리가 아기의 수면 시간을 확보했듯이, 십대에게도 충분한 수면을 취해야 한다고 권장하는 것이 중요하다. 그것이 자녀의 정상적 뇌 발육과 정신 건강에 최적의 환경일 뿐 아니라 기분과 태도까지 나아지게 한다. 알다시피 아기는 피곤하면 운다. 십대도 마찬가지다. 다만 십대의 피곤은 울음 대신 다르게 표현될 뿐이다. 십대 자녀를 추적하려면 반드시 잠을 자게 하라. 현재는 물론이고 자녀의 미래에까지 유익한 일이다.

5. 뇌에 들어가는 대로 행동으로 나온다

일견 당연한 말이지만 언급할 가치가 있다. 연구에 따르면 관심을 무엇에 집중하느냐에 따라 뇌의 배선이 달라지고, 내부 배선의 변화는 외부 행동으로 표출된다. "행동을 생각만 해도

---

[5] National Institute of Mental Health(연도 미상), *The Teen Brain Still Under Construction*, 2015년 2월 25일 접속, National Institute of Mental Health, https://bit.ly/479ut5N

뇌의 상태는 실제로 행동할 때와 똑같이 변한다."[6] 예수님의 말씀을 생각해보라. "또 간음하지 말라 하였다는 것을 너희가 들었으나 나는 너희에게 이르노니 음욕을 품고 여자를 보는 자마다 마음에 이미 간음하였느니라마 5:27-28." 십대 자녀를 치열하게 추적하려면 무엇이든 잘 가려서 뇌에 받아들이도록 가르쳐야 한다. 물론 이것은 다툼의 소지가 되기 쉬우므로 균형을 잘 유지하는 게 중요하다. 그래도 십대의 마음을 순결하게 지켜주려면 자녀의 인터넷 사용을 감시하고 음악과 영화를 통제하며 SNS 활동을 확실히 파악해야 한다. 그 과정에서 지치지 말라. 지혜로운 방법은 차차 생각하고 우선 다윗의 지혜로운 말을 상기하라. "청년이 무엇으로 그의 행실을 깨끗하게 하리이까 주의 말씀만 지킬 따름이니이다 내가 전심으로 주를 찾았사오니 주의 계명에서 떠나지 말게 하소서시 119:9-10." 모바일 기기에서 눈을 떼 "위의 것을 생각하고 땅의 것을 생각하지 말[도록]골 3:2" 그들을 이끌어주라. 십대를 양육하는 일은 치열하지만 절실한 사명이다. 자녀와 그 후손이 누릴 영원한 보상을 생각하면 얼마든지 애쓸 가치가 있다고 믿는다. 이번 장에서 보았듯이, 첫걸음은 십대 자녀가 어떤 사람이고 어떤 사람이 아닌지를 아는 것이다.

---

[6] William R. Yount, *Created to Learn: A Christian Teacher's Introduction to Educational Psychology* (Nashville, TN: B&H Publishing Group, 2010), 531.

2장.
자녀가 십대일수록
가정이 중요하다

무섭도록 변하는 문화 속에서 자녀를 성공할 만한 성인으로 준비시키고 있는지 자신이 없어 아찔했던 적이 있는가? 자녀의 졸업 때까지 시간이 얼마 남지 않아 불안했던 적이 있는가? 십대를 양육하는 시기에는 삶에 가속도가 붙어 더 버거워지고 엄두조차 나지 않는 것 같다. 중압감이 피부로 느껴진다. 자녀가 십대가 되면 대개 '똑딱똑딱' 시계 초침 소리가 부모의 귀에 부쩍 크게 들린다. 생일은 매번 더 빨리 돌아오고, 미래의 바깥세상에 대비하여 자녀를 형성하고 독립을 가르쳐야 한다는 부담감이 커진다. 시계 초침 소리와 더불어 대학이든 무엇이든 다음 단계를 위해 자금을 마련하는 일도 마음을 짓누른다. 게다가 자녀가 집을 떠나는 큰 변화를 맞이하기 전에 최대한 많은 시간을 함께 보내야겠는데 일, 스포츠, 공부, 때에 따라 교회 활동, 사교 생활 등 십대의 일정이 만만치 않다. 단기 선교와 수학여행 같은 다양한 활동에 참여하기에도 유례없이 좋은 기회다. 이 시기에 우리가 손을 놓고 있으면 가정생활이 정말 엉망이 될 수 있다. 부모와 십대가 거의 마주치는 일 없이 완전히 남남처럼 살 수도 있다. 정신없이 바쁜 일정과 그로 인한 관계의 균열은 종종 가정에 경멸을 낳고, 그 결과 십대는 영적, 정서적, 신체적 건강을 잃는다. 그래서 십대 시절에도 이전 못지않게 가정이 중요하다.

가정이 왜 그렇게 중요할까?

하나님의 설계에 따라 원가족은 사람이 평생 경험하는 단연 가장 중요한 관계다. 종교와 전혀 무관한 심리학자와 사회학자도 인정하다시피, 자신이 태어난 가정에서 가족들과 함께 사는 기간은 비교적 짧지만 그 영향이 삶 전체를 형성한다. 실제로 가정은 우리의 인격이 형성되는 곳이다. 가정의 위력은 어떤 면에서 당혹스럽기까지 하다. 인생의 형성기에 집안에서 벌어지는 일이 결혼 여부, 누구와 결혼할 것인가, 어떤 배우자와 부모가 될 것인가, 하나님과 사람들과 어떤 관계로 살아갈 것인가, 어떤 직업 윤리를 갖출 것인가 등을 결정한다. 더 놀라운 점은 나고 자란 가정의 영향이 대개 긍정적으로든 부정적으로든 대물림된다는 것이다. 가정의 영향은 필연적이며, 특히 십대 시절에 그 영향력이 중요하다. 그래서 부모의 의지가 꼭 필요하다!

가정은 세계관의 산실이기도 하다. 언뜻 생뚱맞게 들릴지 모르지만, 이 말을 이해하는 게 매우 중요하다. 십대 양육이라는 도전에 직면한 우리에게는 특히 더하다. 당신도 우리처럼 서반구에 살아가는 그리스도인이라면 주위에 세계관 경쟁이 치열할 것이다. 우리 문화의 지배적 세계관은 세속 인본주의다. 이 렌즈로 세상을 인식하는 이들은 인간 이성과 자연주의 철학이 늘 신조와 신앙을 누르고 모든 결정을 지배한다고 본다. 인본주의에 따르면, 개인마다 자기 진리를 규정할 권리와 책임이 있다. 기본적으로 인본주의의 중심은 개인이며 거기서 심각한 결과가 파생된다. 예컨대 인본주의 세계관대로 사는 가정에서는 다른 식구에게 피해를 주지 않는 한 십대가 그야말로 무엇이든 마음대로 할 수 있다. 아빠나 엄마도 마찬가지다. 그 증거를 서구 가정생활에서 날마다 볼 수 있다. 십대가 부모의 권위에 한사코 복종하지 않는 것이 '십대다운' 문화로 통칭될 정도다. 사실 그것은 인본주의의 산물이다. 자기 행복을 찾고자 가정을 버리고 다른 관계나 꿈을 좇는 많은 아빠나 엄마도 그저 가정의 또 다른 피해자가 아니다. 문제의 뿌리는 세계관이다. 인본주의는 개인을 각자에게 가장 좋아 보이는 삶으로 떠민다. 그러나 규범으로 굳어진 이 신념 체계는 거짓말에 기초한 것이다. 개인을 힘과 영향력과 진리의 궁극적 출처로 전제하기 때문이다. 힘들어 지친 많은 부모에게 당장은 이 길이 더 쉬워 보이지만 사실은 그렇지 않다.

성경을 공부하는 그리스도인은 성경적 세계관의 선명한 렌즈 덕분에 가정의 근본적 중요성을 안다. 이 신념 체계는 인본주의와 극명하게 대비된다. 성경적 세계관은 공동체 세계관으로서 하나님의 사랑과 그분 말씀의 진리에 기초해 있다. 아울러 인간이 서로에게 영향을 미친다는 사실이 전제된다. 이것은 동양적 사고방식이다. 이 관점을 떠받치는 두 가지 기본 진리는 곧 우리에게 하나님이 필요하다는 것과 또 서로가 필요하다는 것이다. 성경은 우리 신자들이 서로 연결되어 있다고 말한다. 내 죄는 당신에게 영향을 미치고, 우리가 가정을 이끄는 방식은 주변 모두에게 영향을 미치며, 십대의 태도나 행동은 그 집의 모든 식구에게 영향을 미친다. 성경적 세계관에 따르면 우리는 진공 상태에서 사는 게 아니라 공동체로 살아간다.

단적인 예로 동양 가정의 십대가 성인기에 들어서는 방식을 서구 가정과 비교해볼 수 있다. 대체로 서구에서는 미래의 행보를 정하는 일이 거의 전적으로 개인 소관이다. 우리 문화에서 18은 마법의 수다. 18세만 되면 투표도 하고 전쟁에도 나가며 주州에 따라 술도 살 수 있다. 선의의 부모들은 18세 성인이 감행하는 꿈을 뒷바라지하느라 빚더미에 앉는다. 여전히 십대지만 자녀는 집을 떠나 대학에 입학하거나 취직하거나 군대에서 자유를 수호한다. 이 청년이 결국 연애하고 결혼하는 대상은 자신이 보기에 잘 맞는 짝일 뿐 부모의 관여는 거의 없다. 성인이 되면 집에는 명절에만 오는 경우가 많고, 어쩌면 다른 주에 살면서 가정을 이룬다. 그렇게 다시 주기가 되풀이된다. 이런 독립에 따라붙는 마법 같은 주문呪文은 우리 중 다수가 십대 때부터 이미 들은 대로 "내 인생은 나의 것!"이다. 우리는 공동체를 갈망하면서도 교외 지역에서 개인으로 살아간다. 좁은 땅에 큰 집을 지어놓고 프라이버시 담장을 둘러 이웃 간에 서로 삶을 들여다보지 못하게 한다. 침실 창에서 7-8미터 거리에 누가 사는지조차 모를 때도 있다. 개인주의가 낳은 결과다. 물론 우리도 교육과 결혼과 거주 지역을 중시하고, 십대가 성인이 되어 그리스도의 나라와 영광을 위해 외국 땅에서 그분의 사명을 다하는 삶도 지지한다. 그러나 이는 동양 문화권에 깊숙이 배어 있는 공동체 세계관과는 극명하게 대비된다.

대체로 동양 문화권은 유대교의 토라₍율법₎를 포함한 성경의 공동체 세계관을 받아들인다. 이슬람교의 코란도 공동체 세계관을 지지한다.[1] 당신이 그리스도인이든 유대교인이든 무슬림이든 흥미롭게도 동양의 가정 개념은 개인주의적이지 않고 명백히 공동체적이다. 삶에서 중요한 것은 '나'가 아니라 '우리'다. 동양도 문제가 많고 폭력도 더러 있지만, 가정에 관한 한 대중적으로 성경의 공동체적 세계관에 더 충실하다. 대개 동양의 십대는 이미 가업을 거들고 있다. 남자가 전원 군대에 가는 나라도 많고 이스라엘에서는 여자도 징집된다. '나'보다 '우리'라는 핵심 가치가 그런 경험을 통해 더욱 다져진다. 또 동양 문화권은 교육을 매우 중시하는데, 십대가 교육을 마치고 성인이 되면 집에 돌아와 기존 가업을 잇는 경우가 많다. 불문율에 따라 원가족과 함께 살 가능성이 크며, 때로는 결혼도 중매로 이루어진다. 서구 관점에서 보면 아찔해 보이고 실제로 힘들 수 있지만, 중매결혼이라는 전통의 배후 세계관을 생각해보라. 그것은 바로 공동체다. 부모는 자라나는 자녀를 자녀 자신보다 더 잘 알

---

[1] 코란은 공동체 세계관이 담겨 있는 동양 경전이지만, 오직 예수 그리스도를 믿음으로 말미암아 은혜로 구원받는다는 가르침이 없으므로 코란을 하나님의 무오한 말씀으로 봐서는 안 된다.

수 있다. 이 문화권의 부모는 청년이 된 아들딸의 배우자를 부모가 현명하게 더 잘 고를 수 있다고 믿는다. 왜 그럴까? 자녀의 성장 과정을 보았고 자녀의 성향과 필요를 알기 때문이다. 중매결혼이든 아니든 자녀가 결혼하면 종종 본가의 주택에 새로 위층을 올리거나 별채를 짓는다. 신혼부부는 거기에 살면서 자녀를 낳고, 그렇게 다시 주기가 되풀이된다. 생각해보면 조부모는 십대의 삶에 중요한 역할을 한다. 자녀를 키우다가 버거워질 때 부모는 윗대로부터 지혜를 얻는다. 삼촌과 이모와 고모도 십대의 삶에 영향을 미치며, 함께 자라는 사촌은 서로 잘 안다. 이것이 동양의 가정 개념이다. 서구의 자녀는 영영 집을 떠나려 하고 우리도 그렇게 권하지만, 동양인은 종종 집으로 돌아와 가정과 공동체에 투자한다.

가정의 기본 개념은 성경에서 기원했다. 하나님이 가정을 중요하게 설계하신 이유가 많지만 그중 네 가지가 돋보인다.

1. 가정은 사랑과 안정에 중요하다

이상적으로 가정은 우리 삶에서 경험하는 참사랑에 기초한 관계며 삶 전반을 안정되게 해준다. 이것은 십대 시절에 특히 중요하다. 말 그대로 아이가 성인으로 빚어지는 시기인 만큼 사랑과 안정이 요긴하다. 학교와 온라인과 심지어 교회에서도 그들은 세상을 헤쳐나가기 힘들 수 있고, 종종 폭력과 충격적 사건에 노출되기도 한다. 거기에 사납게 날뛰는 호르몬, 신체 이미지 문제, 있는 그대로 알려지고 사랑받고 싶은 마음마저 더해지면 가정이 사랑과 안정의 안식처가 되어야 할 필요성은 자명해진다. 우리 집에서 흔히 하는 말이 있다. "세상은 전쟁터지만 가정만은 싸우는 곳이 아니라 안전한 사랑의 보금자리다. 그러니 너는 안심해도 된다." 물론 진심으로 하는 말이다. 그렇지만 우리가 치열한 자녀 양육의 수고를 마다한다면 가정도 고통의 자리로 전락하기 쉽다. 이런 안정을 가져다줄 사랑은 어떤 것일까? 그 사랑은 성경 고린도전서 13장 4절 이하에 이렇게 묘사되어 있다. "사랑은 오래 참고 사랑은 온유하며 시기하지 아니하며 사랑은 자랑하지 아니하며 교만하지 아니하며 무례히 행하지 아니하며 자기의 유익을 구하지 아니하며 성내지 아니하며 악한 것을 생각하지 아니하며 불의를 기뻐하지 아니하며 진리와 함께 기뻐하고 모든 것을 참으며 모든 것을 믿으며 모든 것을 바라며 모든 것을 견디느니라 사랑은 언제까지나 떨어지지 아니하되_{고전 13:4-8}." 이런 사랑이 있어야 가정이 십대에게 안정되고 안전한 곳이 된다. 그들이 사랑받을 자격이 없어 보일 때조차도 말이다. 이 사랑은 궁휼과 힘을 겸비한 사랑이라서 누구든 거기에 의지할 수 있으며, 특히 십대에게는 필수다. 이 단순한 성경 말씀은 부모인 우리에게도 힘들 때 길잡이가 되어준다. 십대 자녀 때문에 떠나가라 비명을 지르며 벽에 주먹이라도 휘두르고 싶을 때 또는 두 손 들고 포기하며 패배를 선언하고 싶을 때, 그런 상황에서 어떻게 부모의 사랑을 보여줄 것인가? 부모인 우리도 하늘 아버지께는 때로 다루기 힘든 자녀지만, 그래도 그분은 한결같이 우리를 사랑하신다. 어떨 때는 그 사실을 떠올리는 것만으로도 도움이 된다.

2. 가정은 신앙과 인격 형성에 중요하다

하나님이 이집트에서 인도해내신 백성이 아직 약속의 땅에 들어가기 전에 그분은 그들에게 그분을 높이는 문화와 공동체를 가꿀 것을 명확히 지시하셨다. 더 큰 신앙 공동체와 협력해야 하긴 했지만, 그 일은 다분히 각 가정의 가장에게 달려 있었다. "이스라엘아 들으라 우리 하나님 여호와는 오직 유일한 여호와이시니 너는 마음을 다하고 뜻을 다하고 힘을 다하여 네 하나님 여호와를 사랑하라 오늘 내가 네게 명하는 이 말씀을 너는 마음에 새기고 네 자녀에게 부지런히 가르치며 집에 앉았을 때에든지 길을 갈 때에든지 누워 있을 때에든지 일어날 때에든지 이 말씀을 강론할 것이며신 6:4-7."

이 원리는 오늘날 우리 자녀의 영성 형성에도 중요하다. 아주 단순한 개념이다. 전 존재로 하나님을 사랑한다는 게 어떤 의미인지를 부모인 우리가 가정에서 그리고 다른 신자들과 더불어 진정으로 예시하는 것이다. 우리의 행실이 용케 완벽해야 한다는 것이 아니라 진정성이 있어야 한다는 뜻이다. 예컨대 우리는 하나님을 깊이 사랑하기에 죄를 지었으면 회개한다. 오랜 세월 한결같이 그리스도 안에서 하나님과 동행하는 삶을 자녀의 눈앞에 보여준다. 솔선수범하여 그리스도 안에서 자라간다. 늘 말씀을 마음에 새기고 가정의 구심점으로 삼는다. 평범하게 반복되는 일상생활 속에서, 길을 걸을 때나 집에 앉아 있을 때나 잠자리에 들 때나 아침에 눈뜰 때 하나님이 명하신 생활 방식과 성경 말씀을 의지적으로 입에 올린다. 이렇듯 가정은 십대 자녀의 신앙 형성에 더할 나위 없이 중요하다. 여담이지만 그동안 세 교회의 사역 리더로 활동하면서 가정을 포기하는 부모를 많이 보았다. 사춘기 자녀의 영적 성장에 가정이 물줄기 역할을 하는데도 말이다. 유년기보다 힘들 수는 있으나 십대 시절은 인생 최고의 신앙 형성기 중 하나다. 신명기 6장에 제시된 영성 형성 개념은 명료하고 비교적 단순하다. 그래도 실천하려면 노력과 의지가 요구된다. 십대를 포함한 모든 자녀를 영적으로 이끌기 위한 단순하고도 의지적인 계획의 한 예를 보려면 우리의 저서 『유산의 길: 의지적으로 영적 부모가 돼라』*The Legacy*

Path: Discover Intentional Spiritual Parenting』를 참조하기 바란다. 거기에 제시된 부모의 길은 7가지 마일스톤으로 이루어져 있으며, 이를 통해 당신은 십대 자녀를 어디로 이끌어야 할지 알 수 있다. 그 과정에서 당신이 해야 할 일도 밝혀놓았다. 가정생활에 갖추어야 할 세 가지 중요한 훈련인데 바로 '신앙 대화'를 시작할 것, '하나님의 순간'을 그때그때 포착할 것, '마일스톤이정표'을 통과할 때마다 경축할 것 등이다.[2]

유산을 남기는 7가지 마일스톤

① 자녀와 부모의 헌신   ⑤ 통과 의례

② 구원과 세례   ⑥ 고등학교 졸업

③ 사춘기 자녀 양육   ⑦ 그리스도 안의 삶

④ 순결한 삶

3. 가정은 세대 간의 영향과 유산에 중요하다

가정을 설계하실 때 하나님은 한 세대만 염두에 두신 게 아니다. 십대에게 사랑과 믿음을 투자할 때 사실 우리는 자손 대대에 투자하는 것이다. 그들을 직접 대면할 일은 없겠지만 말이

---

[2] Brian Haynes, *The Legacy Path: Discover Intentional Spiritual Parenting* (Nashville, TN: Randall House, 2011).

다. 십대 자녀와의 관계를 통해 당신이 수많은 사람에게 미칠 영향을 상상해보라. 세대 간의 유산은 위대한 설계자가 가정을 향해 품으신 많은 목적 중 하나다. 하나님의 약속과 신실하신 성품 그리고 그 증거인 그분의 행적을 다음 세대에 전수하면 소중한 결과가 뒤따른다. 시편 78편 4-7절의 저자는 그것을 이렇게 묘사했다. "우리가 이를 그들의 자손에게 숨기지 아니하고 여호와의 영예와 그의 능력과 그가 행하신 기이한 사적을 후대에 전하리로다 여호와께서 증거를 야곱에게 세우시며 법도를 이스라엘에게 정하시고 우리 조상들에게 명령하사 그들의 자손에게 알리라 하셨으니 이는 그들로 후대 곧 태어날 자손에게 이를 알게 하고 그들은 일어나 그들의 자손에게 일러서 그들로 그들의 소망을 하나님께 두며 하나님께서 행하신 일을 잊지 아니하고 오직 그의 계명을 지켜서." 이렇듯 가정은 세대 간의 유산에 중요하다.

몇 년 전에 우리는 앤절라의 짓두(아랍어로 '할아버지')에게서 온 편지 한 통을 발견했다. 앤절라가 열 살 때 돌아가신 짓두는 우리 집안에 레바논 혈통을 물려주었다. 그가 자라던 시대의 레바논에서는 이슬람교와 마론파 기독교(동방가톨릭교회의 한 종파로 주로 레바논과 시리아에 분포한다—옮긴이)와 정교회와 복음주의 기독교(거듭난 신자들) 사이의 종교 불화로 인해 그리스도인에게 큰 희생이 따랐다. 예수님의 제자이자 동양인으로서 짓두는 가정의 중요성과 세대 간 유산의 중요성을 잘 알았다. 그의 희생, 가정에 대한 깊은 헌신, 온 가족에게 예수님을 바로 알리려던 마음, 아부드 가문의 후손에 대한 열정 등이 그 증거다. 이 편지는 1971년에 짓두가 레바논 트리폴리에서 자신의 첫 손자 조지_{앤절라의 오빠}에게 아랍어로 쓴 것이다. 앤절라의 아버지 에드먼드가 번역한 편지 내용을 잘 보라.

> 내 손자 조지에게
> 너의 장래에 하나님이 복을 주시기를 빈다.
> 네가 이 세상에 산 지 그리 오래되지 않았다만
> 그래도 너에게 편지를 쓴다.
> 너에게 이 편지를 쓰는 이유는
> 네가 나에게 아주 특별한 사람이라서 그렇단다.
> 네가 이 세상에 태어난 게 기쁘고 행복해서
> 내 심장은 엄청나게 두근거린단다.
> 거룩하신 하나님이 너를 보호해주시고
> 너에게 건강과 행복과 성공을 주시기를 간구한다.
> 하나님이 너를 네 부모와 우리와 온 세상이 크게
> 자랑스러워할 만한 사람이 되게 해주시고,

또 장래에 네가 무엇을 하든 형통하게 해주시기를 기도한다.
너에 대한 이런 기대가 너에게 짐스럽지는 않을 거야. 너는
내 사랑하는 아들 에드먼드의 아들이니까. 그리고 특히 네
엄마는 온유함과 아름다움을 갖추고,
교육을 잘 받은 사람이란다.
그러니 네 타고난 성향과 자질을 보고 놀라지 말거라.
네 나이의 아기에게 편지를 쓰다니,
세상에서 내가 제일 처음으로 이렇게 한 것일지도 모르겠다.
나에게 너는 온 세상 전부와도 같단다!
그러니 부디 네 부모의 명예를 존중하고 지켜라.
말 잘 듣고 다른 사람을 사랑하며
너그러이 베풀고 남을 도울 줄 아는 사람이 되거라.
세상은 지나가지만, 선행의 열매는 영원히 남아
하나님을 기쁘게 해드린단다.
역사는 선한 사람들의 행위와 온전한 열매를 기억하거든.
하나님이 그들과 동행하시기 때문이지.
그러니 네 행위가 바르다면 어떤 피해도 두려워하지 말거라.

하나님을 사랑하는 윗대의 마음은 분명히 자손에게 영향을 미친다. 윗대가 들려주는 주님께 충실했던 많은 이야기도 마

찬가지다. 각 가정은 집안의 신앙 유산과 어쩌면 주변 문화에까지 신기하게 영향을 미친다. 그래서 지금 우리가 십대 자녀를 어떻게 이끄느냐가 참 중요하다. 가정은 세대 간의 영향과 유산에 중요하다.

4. 가정은 성화에 중요하다

최근에 우리는 자녀 양육에서 어려움을 겪었다. 이런 문제에 부딪히면 자신이 쓸모없게 느껴져 당혹스럽고 상처를 입는다. 상처 때문에 여태 자신이 부모로서 했거나 하지 않은 일에 온통 회의가 든다. 그래서 우리는 번번이 우리에게 힘이 되어주는 선배에게 도움을 청했다. 그러기를 잘했다. 먼저 자녀를 길러 본 그의 지혜는 우리에게 위로와 소망을 주었다. 생각을 정리하는 데 가장 도움이 된 말은 바로 이것이다. "가족은 가장 사랑하는 사이라서 상처도 가장 크게 주고받아요. 가정은 성화의 장이며 때로 거기에는 아픔이 따릅니다." 맞는 말이다. 가정은 성화에 중요하며, 이는 십대 시절에도 다를 바 없다. 그리스도인의 대인 관계를 다룬 에베소서 5장 뒷부분에서 결혼과 가정은 성화의 장으로 제시된다. 아내는 남편에게 복종하기를 주께 하듯 하라 했고, 남편은 아내를 사랑하기를 그리스도가 교회를 사랑하시듯 이타적으로 희생하라고 했다. 그분이 교회를 사랑하여 거룩하게 하시려고 자신을 주셨듯이, 그리스도인 남편도 아내를 그렇게 사랑해야 한다. 교회를 "거룩하게 하시"는 그분의 사랑이 에베소서 5장 26절에 나와 있다. 남편이 아내를 구원할 수야 없지만, 이렇게 사랑하면 신기하게도 남편과 아내 모두 성화된다.

성화를 낳는 가족 관계에서 부모와 (십대를 포함한) 자녀도 예외는 아니다. 에베소서 6장 1-4절을 보면 "자녀들아 주 안에서 너희 부모에게 순종하라 이것이 옳으니라 네 아버지와 어머니를 공경하라 이것은 약속이 있는 첫 계명이니 이로써 네가 잘되고 땅에서 장수하리라 또 아비들아 너희 자녀를 노엽게 하지 말고 오직 주의 교훈과 훈계로 양육하라"고 했다. 가정은 사람을 성화하게 되어 있다. 부모에게 저절로 순종하는 자녀는 없다. 복종에는 의지의 행위가 요구되며, 하나님을 경외하는 마음으로 자원해서 순종해야 한다. 어렸을 때부터 일관되게 복종을 배운 자녀는 성인이 되어서도 하나님을 사랑하는 마음으로 그분께 복종하고 순종할 수 있다. 가정은 자녀가 그것을 배우는 장이다. 십대 시절에는 순종 문제에 종종 충돌이 수반된다. 어려울 수는 있지만, 부모는 자녀에게 계속 순종을 가르쳐야 한다. 십대 자녀의 책임감과 성실성에 따라 일정한 선 안에서 자유도 더 많이 주면서 말이다. 청소년 사역 교수인 리처드 로스 박사가 최근에 십대 훈육과 마음의 소통을 주제로 우리 교회에서 강연했다. 그는 부모들에게 모세의 원리대로 행할 것을 권하면서, 신명기에서 하나님이 백성의 순종과 불순종에 대해 각각 복과 화를 처방하신 것을 상기시켰다. "순종하면 복이 따른다고 십대 자녀에게 설명해주십시오. 자유와 책임과 신뢰를 더 얻어 그만큼 누릴 수 있는 게 더 많아진다고 말입니다. 그러나 불순종하면 그들에게 화가 따릅니다. 자유와 신뢰가 줄어 핸드폰, 차 키, 용돈, 친구와의 만남 등을 잃는 것이지요. 선택은 자녀의 몫입니다." 이것이야말로 자녀를 노엽게 하지 않고 성화로 이끄는 확실한 조언이다.

자칫 우리는 십대 자녀를 좌절에 빠뜨리기 쉽다. 에베소서 6장 4절에 자녀를 노엽게 하지 말고 오직 주의 교훈과 훈계로 양육하라 했는데, 십대를 기를 때는 이 말씀대로 하기가 약간 벅차다. 자녀를 노엽게 할 요인이 너무도 많다. 부모에게 일관성이 없는 것도 그중 큰 문제다. 이렇게 생각해보라. 당신의 직장 상사가 자꾸 기준을 바꾼다면 당신은 이동하는 과녁에 화살을 맞혀야 하는 셈이다. 게다가 과녁을 맞히거나 못 맞힐 때 뒤따르는 결과마저 말해주지 않는다면 당신은 속수무책의 블랙홀에 빠져들어 격분할 것이다. 그런 상사의 비위를 어떻게 맞추겠는가? 자녀를 양육할 때도 마찬가지다. 우리가 주의 교훈과 훈계로 양육하지 않으면 자녀는 분명한 기준을 모른다. 주의 교훈으로 양육하더라도 부모가 심리적으로 지쳤다는 이유로 기준이나 상벌을 자꾸 바꾸면 자녀를 노엽게 할 가능성이 크다. 가정이 성화의 장이긴 하지만, 안정된 사랑의 관계 속에서 성화가 가장 잘 이루어짐을 잊지 말라. 그래야 십대도 부모도 안심하고 성화를 이루어나갈 수 있다. 부모가 조건 없는 사랑으로 격려해주면 자녀가 자원해서 순종할 수 있기 때문이다.

이렇듯 가정은 여러모로 성화에 중요하다. 그래서 우리는 부모의 영향이 실효성 있으면서 모든 가족의 영적, 정서적, 신체적 건강에도 도움이 되는 그런 가정 환경을 조성해야 한다. 우리가 배운 바로 십대 자녀를 양육하기에 가장 좋은 가정에는 네 가지 치열한 헌신이 수반된다.

1. 가정의 평화에 대한 헌신

이스라엘인 친구들이 말하는 "샬롬 바이트"가 여기에 딱 들어맞아 보인다. 가정의 평화라는 뜻이다. "당신의 샬롬 바이트는 어떻습니까?"는 단골 안부 인사다. 십대 자녀를 둔 집일수록 가정에 평화의 환경을 조성하거나 장려하는 게 중요하다. 알다시피 세상은 험난한 곳이며 십대의 세계는 특히 어려울 수 있다. 그럴수록 가정은 평화의 환경에서 안전한 사랑의 관계를 누리는 안식처가 되어야 한다. 그리스도를 의지하지 않고는 진정한 평안을 누릴 수 없지만, 그래도 가정을 평온하게 만들기 위해 우리가 할 만한 일이 있다. 일단 중요한 두 영역에서 질서를 이루면 대개 평화의 좋은 기초가 된다. 첫째로, 집이 완벽해 보일 필요는 없지만 모든 물건이 용도대로 제자리에 있으면 혼돈이 줄어든다. 생활용품을 의지적으로 단정하게 정리해두면 평화의 여지가 생긴다. 우리 집에서도 간혹 정리가 안 돼 있으면, 파란색 축구 양말을 찾느라 난리가 나서 등교 시간에 늦을까 봐 아등바등하게 된다. 무엇이든 용도대로 제자리에 있으면 그 질서가 자칫 정신없어지기 쉬운 많은 순간을 예방해준다. 가정에 십대 자녀가 있으면 그런 순간이 금방 험악해질 수 있다. 여기 잊지 말아야 할 공식이 있다.

 제자리에 없는 파란색 축구 양말
    +
 호르몬 때문에 피곤한 십대   =   피할 수 없는 확실한 충돌
    +
 급해서 인내심이 다한 부모

단순해 보이지만 질서는 매우 중요하다. 둘째로, 같은 맥락에서 가족들의 일정에도 의지적으로 질서를 부여하면 큰 힘이

된다. 십대도 나름으로 일정이 많지만, 그들을 도와 균형 잡힌 삶을 계획하게 하는 것은 부모의 책임이며, 그 유익은 온 가족에게 미친다. 솔직히 우리는 이 부분을 힘들게 배우고 있다. 주어진 기회를 아이들이 잘 활용하기를 바라지만, 역시 지나치면 좋지 않다! 자녀가 셋이다 보니 가정, 학교, 교회 일정만으로도 바쁘다. 그 외에는 '추가로' 과외 활동을 하기 원하는 자녀에게 시즌당 하나씩만 택하게 한다. 이 원칙대로만 하면 무리가 없는데 거기서 더 욕심을 부리면 너무 허둥대느라 삶의 평화가 사라진다. 가족들이 꾸준히 시간을 내서 쉬고 놀고 긴장을 풀면, 십대 자녀와 마음이 더 잘 통할 뿐 아니라 집안 분위기도 전체적으로 편안해진다. 당신의 가정생활을 평가해보라. 온통 활동뿐이고 놀이는 없다면 가정의 평화는 요원할 것이다.

2. 자주 솔직한 대화를 나누려는 헌신

십대 자녀를 둔 가정이 평화를 누리는 최고의 방법은 아마도 가족 간의 대화에 힘쓰는 것이다. 자녀가 사춘기에 이르기 전인 가정생활 초기부터 시작하면 제일 좋지만, 진정한 대화에 너무 늦었을 때란 없다. 우리도 몇 가지 소통 채널을 열어둔 덕을 톡톡히 보고 있다. 대화는 우리 집 식탁의 주식이다. 저녁 식사를 날마다 온 가족이 함께했으면 좋겠지만 그러지는 못한다.

하지만 사춘기 자녀를 둔 이때 매주 3-5번 정도 식탁에 둘러앉는 것만으로도 유익이 크다. 우리 집은 식사할 때 시끄럽지만 당신 가정은 달라도 된다. 학교와 과외 활동과 직장에서 돌아와 모두 앉아 집에서 준비한 식사를 하노라면 마치 시간이 잠시 멎는 것 같다. 다음 일정을 위해 서두를 필요 없이 그냥 좋은 음식과 서로를 즐긴다. 함께 기도하고 웃으며 두서없이 아무 주제로 떠들다가 간혹 입씨름도 벌인다. 그러다 보니 십대 자녀들도 열심히 각자의 삶을 나눈다. 이런 분위기 덕분에 거의 매일 솔직한 대화가 이어진다. 물론 식사 중에만 대화하는 것은 아니지만 이때가 온 가족에게 소중한 소통의 시간임을 다들 안다. 식탁은 대화의 장이다. 소통의 기회는 거실에 앉아 있을 때나 함께 산책할 때나 운전 중에도 찾아온다. 어떻게 하면 이런 평화로운 대화가 가능할까? 일단 좋은 대화는 관계 속에서 이루어지며, 알다시피 관계에는 시간과 노력이 필요하다. 건강한 관계에서 흘러나오는 대화는 꾸밈없고 솔직할 수 있다. 환경이 안전하니까 안심하고 소통하는 것이다. 그러려면 부모가 아무리 중요한 일이라도 일단 중단하고 사춘기 자녀의 말을 꼭 경청해야 한다. 반대로 관계가 단절되면 소통도 제한된다. 가정생활의 성공 기준으로 우리가 늘 고수하는 것 하나는 자녀가 우리에게 얼마나 솔직하게 속마음을 털어놓느냐는 것이다. 마지못해서가 아니라 전혀 거리낄 게 없이 말이다. 부모가 먼저 그런 본을 보이려면 까다로운 주제를 일찍부터 거론해야 한다. 물론 자녀의 나이에 맞게 해야 한다. 섹스 문제와 거기서 파생되는 모든 대화가 가장 비근한 예일 것이다. 우리는 하나님이 설계하신 섹스 부분에 관해 자녀가 성경적 세계관을 품기를 늘 바란다. 비교적 이른 나이 때부터 세 아이와 나누었던 많은 대화가 기억난다. 한 아이가 초등학교 1학년 때 집에 와서 오럴섹스에 관해 물은 적도 있고, 다른 아이가 1학년 무렵에 왜 아무개는 엄마가 둘이냐고 물은 적도 있다. 그런 질문에 우리는 늘 이런 식으로 답했다. "이런 중요한 질문을 엄마(아빠)한테 하기를 참 잘했다." 부정적 반응이나 불쾌한 표정이나 "그런 말은 하면 못써" 같은 대답은 삼간다. 가정이야말로 '그런 말'을 할 곳이 아닌가. 그래서인지 다행히 우리 아이들은 십대가 된 지금도 우리에게 상처와 고통과 기쁨과 고민을 털어놓는다. 늘 완전하지는 않다. 그들은 아빠와 엄마 중 현재 더 편하게 느껴지는 쪽을 주로 찾는다. 십대 자녀의 고락을 듣고 도울 수 있다는 것은 늘 우리의 특권이다. 부모로서 딸들이 좋고 나쁜 속생각을 안심하고 털어놓을 때보다 더 뿌듯한 적은 없는 것 같다. 상황에 맞게 우리는 하나님이 하고 계신 일을 함께 즐거워하기도 하고, 그들을 회개와 화해로 이끌어주기도 한다. 십대 자녀와 자주 솔직하게 대화하기로 헌신하는 것은 가치 있는 일이다.

3. 환대에 대한 헌신

흔히 '진정한 그리스도인의 표지'라 불리는 성경 본문에서 사도 바울은 "성도들의 쓸 것을 공급하며 손 대접하기를 힘쓰라롬 12:13"고 말했다. 언뜻 보기에 우리의 주제와 맞지 않는 것 같다. 그러나 특히 십대의 삶과 관련해서 기독교 가정의 중요성을 논하려면 환대 문제를 빼놓을 수 없다. 그리스도인의 가치이자 실천인 환대를 소홀히 하는 것은 죄다. 신구약을 공부해보면 알겠지만, 고금을 막론하고 환대는 명백히 하나님 백성의 한 특징이다. 친절을 베풀면서 그 과정에 십대 자녀를 동참시키는 것은 그들의 인생관 정립에 중요한 요소다. 그동안 우리도 많은 사람에게 숙식을 제공했다. 대상은 대개 우리 교인과 동네 사람이지만 가끔 먼 나라에서 온 여행객일 때도 있다. 묵어가는 동안 으레 모든 사람을 똑같이 한 식구처럼 대한다. 손님에게 '우리 집에 오신 것을 환영합니다. 여기 계시는 동안 가족처럼 섬기겠습니다'라는 메시지를 행동으로 보여준다. 아동기와 사춘기 자녀를 이 과정에 동참시키면 이웃을 자신처럼 사랑한다는 게 그들에게 실감 나게 된다. 자기 침대를 남에게 내주는 것은 좋은 일이고, 친구들과 함께 보려던 영화를 접어두고 부모를 도와 새 교우 가정을 대접하는 것도 좋은 일이다. 그래서 우리 아이들은 십대가 된 지금도 열심히 환대할 뿐만 아니라 모든 부류의 사람과 교류할 줄도 안다. 우리도 아이들의 친구들에게 똑같이 환대를 베푸는데, 이것이 사춘기 자녀에게 사랑으로 느껴진다. 환대의 분위기 덕분에 십대 자녀와 아이들의 친구들은 우리 집에 머물기를 좋아한다.

4. 진정한 신앙에 대한 헌신

가정은 영성 형성을 위한 하나님의 전략적 요충지인 만큼, 진정성이 없으면 오히려 역효과가 나서 십대에게 영적으로 해롭다. 진정성이란 무엇인가? 가짜가 아니라 진짜라는 뜻이다. 부모에게도 십대에게도 다 예수 그리스도의 복음이 필요하다. 다 하나님의 은혜와 서로의 은혜가 필요하다. 이 사실을 명심하면 가정에서도 교회 등 나머지 모든 영역에서와 똑같은 사람으로 사는 데 도움이 된다. 목표는 완벽성이 아니라 동일성이다. 아주 투명하고 정직한 사람이 되어 누구에게나 사랑과 은혜를 베푸는 것이다. 죄를 지었으면 사적으로는 물론이고 필요하다면 공개적으로도 회개하여 우리의 의가 그리스도께 의존해 있음을 보여줄 수 있어야 한다. 부모의 이런 모범을 통해 십대는 삶의 영역에 따라 달라지는 신앙이 아니라 삶 전체를 아우르는 설득력 있는 기독교 신앙을 목격할 수 있다. 이렇게 치부까지 드러내는 겸손한 신앙을 억지로 꾸며낼 수는 없으며, 상대가 십대라면 특히 더하다. 당신의 삶에서부터 진정한 신앙에 헌신하라. 그러면 부모로서도 자녀의 행동 자체보다 마음에 더 치중하는 데 도움이 된다.

가정생활을 위한 몇 가지 실제적 조언

1. 십대 자녀에게 시간을 내라

사춘기 자녀는 아무 때고 부모에게 갈 수 있어야 하는데 대개 부모는 그들에게 내줄 시간이 부족하다. 십대가 "아빠, 뭐 좀 물어봐도 돼요?"라거나 "엄마, 이것 좀 볼래요?"라고 말할 때 당신의 대답은 "물론이지!"여야 한다. 그들이 밤늦게 할 말이 있다고 하면 업무나 잠을 물리치고라도 들어주라. 너무 바빠 자녀에게 시간을 내지 못하는 일이 없도록 최선을 다하라. 당신이 항상 바쁘면 결국 자녀는 다른 사람을 찾아가게 되어 있다. 그 대상은 또래 친구일 확률이 높다.

2. 고립주의를 퇴치하라

21세기의 십대는 역사상 어느 때보다도 고립되기가 쉽다. 이런 고립을 사랑으로 퇴치하라. 모바일 기기에 대해서는 사용하는 시간도 제한하고 사용 장소도 집의 개방된 공간으로 제한하라. 모든 가족에게서 완전히 고립될 수 있는 헤드폰의 사용도 시간 제한을 두라.

3. 혼자만의 시간을 허락하라

동시에 십대 자녀에게 혼자만의 시간을 어느 정도 허락하라. 그들도 긴장을 풀고 재충전할 시간이 필요하다. 성격에 따라 혼자 있을 때 재충전이 가장 잘될 수도 있다. 논쟁이 격해질 때는 때로 혼자 기분을 풀게 한 후에 대화를 재개하는 게 좋다. 누구에게나 수시로 혼자만의 시간이 필요하다.

4. 기꺼이 숙제를 도와주라

우리는 밤에 십대 자녀들이 숙제할 때 주방이나 거실에 우리와 함께 있게 해주는데, 이는 그들의 학업에 대한 관심을 표현하는 좋은 방법이다. 피곤한 저녁 시간에 종종 그들의 질문에 답하는 게 우리 부부에게도 '일'이긴 하지만, 십대 자녀와 함께 문제와 씨름한다든지 숙제가 어려울 때 응원해주는 것은 가치 있는 희생이다.

5. 주일을 안식의 시간으로 지키라

구식처럼 보일지 모르지만, 성경은 우리에게 안식일의 원리를 실천하라고 명한다. 다른 신자들과 함께 드리는 예배, 가족끼리 보내는 시간, 휴식, 놀이 등이 거기에 포함된다. 이런 영적 리듬은 하나님을 사랑하고 그분이 명하신 생활 방식을 존중한다는 확실한 표현이며, 가족의 건강과 좋은 관계라는 열매를 맺는다. 율법주의는 아니지만 우리는 주일을 함께 즐긴다.

6. 노는 시간을 늘리라

십대 자녀와 함께 놀 방도를 모색하라. 그들이 즐기는 일에 함께 뛰어들라. 집 앞에서 하는 농구나 축구도 좋다. 우리 가정은 개를 들여오고 카약을 구입했다. 좋아하는 일이 무엇이든 지금 함께 즐기라. 세월은 쏜살같이 지나간다.

십대 시절에는 특히 가정이 지극히 중요하다.

3장.
상황에 끌려다니지 말고
긍휼로 일관하라

삶이 우리를 기진맥진하게 할 때라도 어떻게 긍휼로 일관할 수 있을까? 대다수 십대 부모는 대체로 급하게 쫓기며 사느라 피곤하고, 종종 긍휼 지수도 떨어진다. 그러다 보니 자녀를 대할 때도 자상하기보다는 상황에 휩쓸리거나 무신경할 때가 많다. 그런데 여기 우리를 겸손하게 하는 생각이 있다. 하나님은 그분을 경외하는 모든 사람을 향한 그분의 긍휼을 묘사하실 때 우리가 이해할 만한 예화를 쓰셨는데, 그것이 바로 부모의 애정이다. 시편 103편 13절에 보면 "아버지가 자식을 긍휼히 여김같이 여호와께서는 자기를 경외하는 자를 긍휼히 여기시나니"라고 했다. 십대 자녀를 둔 부모는 우리가 흔히 말하는 표현으로 '지칠 줄 모르는 긍휼'을 의지적으로 베풀어야 한다.

이런 연민은 고생하는 사람이나 취약한 사람을 대할 때 우리 안에 생겨나는 사랑의 단면이다. 지칠 줄 모르는 긍휼은 질리지 않는 관심이고 한결같이 확실한 배려다. 부모의 일관된 긍휼이란 자신이 아무리 바빠도 또는 십대 아들딸의 사소해 보이거나 단기적인 듯한 문제에 비해 자기 일이나 책무가 아무리 중요해 보여도, 일단 긍휼을 선물로 베푼다는 뜻이다. 당신도 알겠지만 이런 긍휼을 베푼다는 게 늘 쉽지만은 않다. 그러나 자녀에게는 그것이 절실히 필요하다.

십대 자녀가 약간 불손하거나 반항적이거나 숫제 냉담한 자세를 취할 때는 긍휼로 일관하기가 정말 힘들 수 있다. 십대는 누구나 그럴 때가 있으므로, 우리는 자녀가 반항하거나 부모를 이용하거나 아예 귀를 닫는다고 느껴질 때도 긍휼을 베푸는 법을 배워야 한다. 십대는 자신의 절절한 고통을 불손한 태도나 소통 단절로 가릴 때가 많다. 그럴 때일수록 부모는 긍휼을 아낌없이 베풀어야 한다. 분노를 투사하거나 회피하고 싶더라도 말이다. 예수님이 들려주신 탕자의 비유를 생각해보라. 누가복음 15장 11-32절에 보면 아버지에게 두 아들이 있는데 둘째가 제 몫의 유산을 당장 달라고 요구한다. 여기 이기적인 십대가 있다. 아버지는 허락하기로 하고 재산과 살림을 두 아들에게 배분한다. 며칠 후 둘째는 짐을 싸서 먼 곳으로 떠난다. 거기서 아버지에게 받은 재산을 모두 탕진한다. 역시 십대 아들의 이기심이 그렇게 표출되었다. 아버지가 평생 번 재물을 그는 예수님의 표현으로 "허랑방탕하여" 낭비한다. 여기까지만 보면 아버지는 마치 아들의 지극히 자기중심적인 생활 방식에 자금을 대는 돈줄로만 보인다. 아버지는 어떤 심정일까? 화났을까? 상처를 입었을까? 이용당하거나 휘둘리는 기분일까? 머잖아 돈이 다 떨어져 궁핍해진 청소년은 돼지 치는 일을 하지만, 돼지 사료라도 먹고 싶을 정도로 허기진다. 굴욕적인 그 순간 집 생각이 난다. 아버지를 떠올리니 아버지의 품꾼들에게는 양식이 풍족하다는데 생각이 미친다. 그는 집으로 돌아가 아버지에게 아들이 아니라 품꾼으로 받아달라고 빌기로 한다. 당연히 더는 '아들'로 불릴 자격이 없다고 생각한 것이다. 그렇게 집으로 돌아간다. "아직도 거리가 먼데 아버지가 그를 보고 측은히 여겨 달려가 목을 안고 입을 맞추니눅 15:20." 이야기가 계속되지만 여기서 멈추어 아버지의 긍휼에 초점을 맞추어보자. 아버지는 아들을 보자마자 긍휼히 여긴다. 아들이 아버지의 돈을 들고 달아난 셈인데도, 비유 속의 아버지는 괘씸해하기는커녕 비통한 심정으로 아들의 귀가를 간절히 기다린다. 그러다 아들을 보자 "측은히" 여

3장. 상황에 끌려다니지 말고 긍휼로 일관하라 65

긴다. 아들을 늘 그리워했다는 뜻이다. 아들과 재회하고 싶었던 아버지의 열망이 엿보인다. 그는 아들에게 달려가 긍휼을 표현한다. 설교나 질책은 없고 그저 애정으로 끌어안고 입을 맞출 뿐이다. 이어지는 이야기를 보면 아들이 품꾼처럼 낮아져 용서를 구하자 아버지는 명하여 그에게 가장 좋은 옷을 입히고 손에 집안의 반지를 끼우고 발에 신을 신게 한다. 잃었던 아들을 찾았으니 잔치가 벌어진다. 이 이야기에서 긍휼은 은혜와 경축을 낳는다. 아버지의 긍휼 덕분에 아들은 치열하게 사랑받는다는 게 무엇인지 즉시 깨닫는다. 비유일 뿐이지만 이런 이야기는 현대 생활에도 있으며, 결말은 매번 다르다. 긍휼은 선택이므로 감정이 없을 때도 베풀 수 있다.

몇 년 전에 우리 가정은 삶의 중대한 전환을 맞았다. 우리는 휴스턴 동남부의 교회와 기독교 학교를 이끌기 위해 도시 서부의 일가친지들을 떠나야 했다. 휴스턴은 워낙 대도시여서 이사하면 사실상 우리 아이들은 여태 알았던 모든 것과 지리적, 관계적으로 단절될 수밖에 없었다. 시내 저편에서 목사로 섬긴다는 소명이 내게는 '설레는' 일이었으나 가족들, 특히 딸아이 한 명에게는 논쟁과 두려움과 슬픔의 원인이 되었다. 생각보다 문제가 커졌다. 아내가 처음부터 말해주었는데 내게 들을 귀가 없었으니 내 잘못이다. 하나님의 부르심에 응하려는 열의에 젖어나는 딸의 아픔을 대수롭지 않게 여겼다. 아마 내 아동기와 사춘기에 3-4년 주기로 이사했기 때문인지도 모른다. 딸이 이사 가기 싫어 괴로워한다는 거야 나도 알긴 알았지만, 그 아픔의 깊이를 이해하지 못했고 솔직히 이해하려 하지도 않았다. '나도 늘 그랬으니까 딸도 이겨낼 거야'라고만 생각했다. 딸로서는 삶에서 중요한 고비 중 하나였는데, 하필 그때 내게 긍휼함이 부족했다. 돌아보면 나는 의도는 좋았으나 그 힘든 전환기에 둔하게 끌려다니는 아빠였다. 그때 딸에게 필요했던 것은 긍휼을 베풀려고 지칠 줄 모르고 노력하는 아빠였는데, 정작 내가 딸에게 보여준 것은 상황에 끌려다니는 모습이었다. 나머지 이야기는 딸의 몫이다.

내가 할 수 있는 말은 내 긍휼함이 부족한 탓에 딸이 상처를 입고 내게 분노를 느꼈다는 것이다. 분노가 어찌나 깊었던지 나는 오랜 '길동무'인 딸 앞에서 거의 발언권을 잃을 뻔했다. 딸에게 필요했던 것은 '마일스톤'이나 '하나님의 순간'이나 '신앙적인 대화'가 아니라, 끝없는 노력에 진이 빠질 때조차도 긍휼히 여기는 마음으로 힘써 딸을 이해하고 위로해줄 아빠였다. 당시 나는 과도한 업무량에 짓눌려 녹초가 되어 있었고, 그러다 보니 아빠로서 긍휼을 품을 정서적 여유가 거의 없었다. 내 인생에서 '다시 하고' 싶은 일이 있다면 바로 이것이다.

부모로서 우리는 지칠 줄 모르는 긍휼의 중요성을 배우는 중이다. 어렸을 때 우리 아이들은 날마다 가방을 메고 등교했다. 아침에 우리가 아무리 좋은 것을 담아 학교에 보내도 집에 올 때는 가방의 내용물이 완전히 달라져 있었다. 그날 상대하는 모든 교사와 코치가 가방에 과제물과 예습할 것을 잔뜩 넣어주는 바람에 어린 자녀의 삶에 때로는 건강에 해로울 정도로 스트레스가 가중되었다. 그뿐 아니라 종종 다른 학생들이 얹어주는 정서적 '내용물'까지 아이들의 어깨를 짓눌렀다. 하교할 무렵이면 급우들의 치사한 말이나 험악한 표정 등 맥 빠지는 경험이 가방에 담겨 왔다. 어떤 날에는 아이들의 얼굴에 낙심이 고스란히 드러났다. 확 눈에 띄지 않는 날도 있었지만, 시간이 가면서 가방은 점점 더 무거워져 결국 아이들이 무게를 감당할 수 없는 날이 왔다. 누군가의 도움으로 신체적, 정서적, 영적으로 또는 이 모두를 합쳐서 가방을 쏟아내야만 했다. 알고 보니 짐을 가볍게 해주려면 긍휼함이 필수 도구다. 긍휼은 선물이다. 긍휼을 지나치게 많이 받으며 자랐다는 말을 누구에게서든 들어본 적이 있는가?

아이를 자상하게 대한다는 개념이 당신에게는 당연한 말처럼 들릴지 몰라도 그렇지 않은 사람도 많다. 왜 부모는 힘써 긍휼함으로 일관해야 할까? 우리의 경험으로 네 가지 확실한 이유가 있다.

1. 긍휼은 부모에게 영향력과 발언권을 부여한다

특히 요긴한 순간에 긍휼함이 부족하면 부모와 십대 사이에 보이지 않는 정서적 벽이 세워지고, 자녀의 삶에 당신의 영향력이 가장 필요할 때 그 벽이 즉시 느껴진다. 아이가 사춘기에 들어서면 변화가 찾아온다. 아이들이 어렸을 때는 우리도 지위상의 권위로 이끌 수 있었다. 지위상의 권위로만 이끄는 것이 바람직하거나 건강하지는 않지만, 아이의 사고력이 발달하기 전까지는 그것이 가능하다. 물론 어린이의 정서적 건강과 영적 성장에도 마음의 소통과 긍휼함이 필요하며, 이 사실을 경시하는 것은 비참한 오류다. 그러나 자녀가 부모에게 순종하는 것이 옳다는 에베소서 말씀과는 별개로, 십대의 삶에 부모로서 제대로 영향을 미치려면 대개 지위상의 권위로는 부족하다. 십대를 상대할 때는 단지 '엄마'나 '아빠'라는 이유로 영향력이 발휘되는 게 아니라 당신이 그 영향력을 얻어내야 한다. 영향력을 버는 한 방법은 평소 자녀의 삶에 긍휼을 예치하는 것이다. 당신의 삶에서도 마찬가지다. 생각해보라. 당신이라면 누구에게 비밀을 털어놓거나 조언을 구하겠는가? 아마 평소에 늘 당신을 이해해 준 사람일 것이다. 십대 자녀도 똑같다. 영향력을 원하거든 평소에 자녀에게 긍휼을 베풀라.

2. 긍휼은 자녀를 향한 하나님의 사랑을 제대로 보여준다

다시 시편 103편 13절로 가보자. "아버지가 자식을 긍휼히 여김같이 여호와께서는 자기를 경외하는 자를 긍휼히 여기시나니." 긍휼로 일관하는 부모는 온전하신 아버지가 십대 자녀에게 베푸시는 긍휼을 명실상부한 그림으로 보여주는 셈이다. 물론 우리의 긍휼함이 부족하면 그 그림이 일그러진다. 앞서 내가 둔감하게 끌려다닌 일화를 소개했는데, 그때 우리는 딸이 고통에 못 이겨 하나님을 탓하고 원망하는 것을 보았다. 우리가 믿기로 딸이 하나님께 분노한 것은 내가 둔감하게 끌려다니며 하나님을 잘못 보여준 데도 원인이 있었다. 많이 기도하고 새삼 힘써 긍휼을 베푼 덕분에 다행히 지금은 딸도 하나님의 은혜로 그분을 사랑하며 그분과의 풍성한 관계 속에서 살아가고 있다. 우리에게 온전하신 아버지가 계셔서 얼마나 다행인가.

3. 긍휼은 마음과 마음을 이어준다

가정 사역을 오래 하다 보니 십대 자녀를 둔 가정의 생활 패턴이 보인다. 대개 부모와 자녀의 관계가 껄끄럽거나 얄팍하고, 양쪽 사이에 만연한 분노의 감정이 경멸을 낳는다. 틀어진 관계와 그로 인한 불편한 감정 때문에 십대 자녀를 둔 부모에게서 "자식이 꼴 보기 싫다"라는 비통한 말을 얼마나 자주 듣는지 모른다. 실제로 이런 일이 워낙 비일비재하다 보니 언론과 음악 업계에서 이 문제에 확실히 주의를 기울인다. 그들에 따르면, 미국의 평범한 부모와 십대치고 관계가 좋은 경우란 없다. 십대 시절에 부모와 마음이 단절되는 현상이 너무도 흔하니까 문화가 거기서 영감을 얻어 그런 식으로 표현하는 것이다. 이렇게 된 데는 많은 원인이 있는데, 그중 일부를 이 책에서 자세히 살펴볼 것이다. 사랑으로 십대 자녀와 사이좋게 지내려는 현명한 부모에게는 진정하고 일관된 긍휼함이 마음과 마음을 이어주는 접착제와도 같다.

4. 긍휼히 여기는 부모 밑에서 긍휼히 여기는 자녀가 나온다

가정에서 긍휼을 경험하는 어린이는 세상에서 긍휼을 베풀 줄 아는 십대로 성장한다. 우리가 절대 완벽한 부모는 아니지만, 세 자녀에 관해 한결같이 듣는 이야기가 하나 있다면, 우리 아이들이 남을 긍휼히 여긴다는 것이다. 이 점이 흥미로운 이유는 그들의 성격이 제각기 완전히 다르기 때문이다. 하나는 투사고, 하나는 화평하게 하는 자고, 하나는 익살꾼이다. 그런데 어떻게 모든 아이에게서 긍휼함이 눈에 띄게 나타날까? 다분히 가정에서 일관된 긍휼을 보았기 때문일 것이다. 부모가 상황에 끌려다니는 모습도 보았으니 어쩌면 이에 대한 반작용일 수도 있겠다.

긍휼을 어떻게 표현할 수 있을까? 긍휼을 받아보지 못한 사람은 긍휼을 베풀기도 힘들 수 있다. 긍휼은 내면의 감정을 넘어서는 행동이다. 예컨대 마음으로 상대에게 공감하더라도 그 긍휼을 제대로 표현하지는 못할 수도 있다. 그렇다면 십대 자녀에게 어떻게 배려를 전달할 수 있을까? 그들이 경청을 원할 때 그들의 눈을 보며 진정으로 들어주면 된다. 우리가 경청하는 이유는 당면한 문제를 해결하기 위해서가 아니라 자녀의 감정을 이해하기 위해서다. 그런데 흔히 상황을 '고치려' 하는 실수를 범한다. '해결'에 초점을 맞추면 아무리 의도가 좋아도 고통을 최대한 효과적으로 줄이려는 심산으로 비칠 수밖에 없다. 십대는 가짜를 멀리서도 알아본다. 우리가 속전속결에 나서는 것은 대개 함께 아파할 여유가 없어서다. 그럴 때는 십대 자녀를 향한 긍휼 지수가 낮아서 둔하게 끌려다니는 게 확 표시 난다. 대개 십대 자녀는 우리가 뻔한 최고의 해법으로 직행하기보다 그들의 아픔에 공감해주기를 원한다. 당신도 이런 말은 들은 적이 있는가? "엄마, 내 말을 자르지 좀 말아요." "아빠, 지금 내 말을 듣고 있지 않잖아요." 당신은 "아니, 듣고 있는데. 게다가 방금 네 문제의 해법까지 제시했잖아"라고 말하고 싶을지도 모른다. 현명한 부모는 십대 자녀에게 필요한 것이 곁에 앉아 들어줄 사람, 함께 울며 안아줄 사람임을 알고 있다. 아이스크림 가게에 데려가서 들어준다면 더욱 좋다. 이런 상황에서 긍휼을 베풀면 부모로서 조언하고 코치할 기회도 오기 마련이다. 그 덕분에 우리는 '해결사' 엄마, 아빠가 되는 게 아니라 괴롭거나 힘든 문제의 가장 좋은 해법을 사춘기 자녀 스스로 찾도록 도와주는 믿을 만한 조언자가 된다. 큰 문제든 작은 문제든 다 마찬가지다. 바로 이것이 지칠 줄 모르는 긍휼을 베풀어 얻어내는 영향력이다.

부모가 자녀를 사랑하면서도 긍휼로 일관하지 못하는 이유는 무엇일까? 우리가 보기에 긍휼의 흔한 걸림돌은 두 가지인데 아마 당신도 공감할 것이다. 첫째, 때로 우리는 너무 바빠 자녀에게 필요한 수준의 긍휼을 베풀지 못한다. 무슨 일로 바쁜지는 딱히 중요하지 않다. 누구나 할 일이 산더미같이 쌓여 있어 특히 가정에서 관계에 힘쓸 여유가 없을 수 있다. 우리 부부는 둘 다 정리벽이 있어 유난히 깔끔을 떤다. 그래서 아이들이 어렸을 때 주방에서 둘이 이런 대화를 하곤 했다. 아이들이 자꾸 "이것 좀 봐줘요." "들어보세요." "놀아줘"를 연발하는 통에 도무지 집안일에 진전이 없다고 말이다. 다행히 하나님이 지혜를 주셔서 일의 완수보다 자녀와의 관계에 우선순위를 두게 되었고, 이것은 지금 십대 자녀를 대할 때도 똑같이 중요하다. 누구나 삶이 바쁘다. 그럴수록 서로 상대를 위해 시간을 내는 게 중요하다. 업무 목록이나 일정을 조정해서라도 반드시 긍휼을 베풀어야 한다.

둘째, 우리는 너무 피곤하다. 최근에 우리가 참석한 어느 졸업식에서 축사를 맡은 사람이 서두에 낮잠의 중요성을 언급했다. "아기는 늘 낮잠을 자고 어린이집에 다니는 서너 살 아이도 매일 한두 차례 낮잠 시간이 있습니다. 그런데 중년이 되면 낮잠 잘 시간이 없을 정도로 바쁩니다. 이때가 많은 사람이 십대를 양육하는 시기입니다. 그러다 인생의 황혼기에 접어들면 다시 낮잠을 잘 여유가 생깁니다." 중년에는 숙면할 시간조차 없을 정도로 바쁜 사람이 너무 많다. 너무 바빠서 낮잠은커녕 실제로 많은 사람이 밤에도 대여섯 시간밖에 자지 못한다. 아동기 자녀의 성인기 이행을 도우려는 중년의 우리는 꼭 좀비 같다. 그러다 보니 대개는 그냥 너무 피곤해서 필요한 긍휼을 베풀지 못한다. 당신도 그렇다면 일정을 약간 조정해야 할 것이다. 지쳐 있을 때도 긍휼로 일관하는 법을 당신도 우리처럼 배워야 할 것이다. 사실 우리가 '지칠 줄 모르는 긍휼'이라는 표현을 쓰는 이유도 바로 그래서다. 솔직히 말해도 될까? 우리가 녹초가 되어 있을 때도 십대 자녀에게는 여전히 우리의 긍휼이 필요하다. 진이 빠졌다는 이유로 경청과 공감과 지도의 기회를 외면하고픈 유혹을 물리치라. 우리 부부는 하나님께 힘과 에너지를 달라고, 자녀에게 베풀 그분의 긍휼을 달라고 부르짖는 법을 배우고 있다. 우리의 심신이 바닥난 것 같을 때도 그분은 신실하게 채워 주신다.

마지막으로 덧붙일 말이 있다. 그리스도인의 자녀 양육은 본질상 긍휼히 여기는 양육이다. 긍휼함이 넘치시는 하나님이 우리 아버지시기 때문이다. 우리도 그분을 본받아야 한다. 이사야 49장 13절에 이런 말씀이 있다.

> 하늘이여 노래하라 땅이여 기뻐하라
> 산들이여 즐거이 노래하라
> 여호와께서 그의 백성을 위로하셨은즉
> 그의 고난당한 자를 긍휼히 여기실 것임이라.

4장.

자녀에게
시간을 투자하라

시간은 귀한 자원이며 십대 부모에게는 특히 더하다. 십대 아들딸을 추적할 수 있는 가장 효과적인 방법은 함께 있어 주는 것이며, 그러려면 시간이 필요하다. 많은 독자에게 이번 장은 가장 실천하기 힘들 수 있다. 삶의 우선순위를 재편하기가 때로 불가능해 보이기 때문이다. 당신을 격려하고 싶다. 시간의 우선순위를 바로잡는 일은 끝없는 싸움이지만 보상이 엄청나다. 시간에 대한 사고방식을 바꿔보면 어떨까. 시간을 소비 자원이 아니라 투자 자원으로 생각하는 것이다. 이 비유에는 분명한 근거가 있다. 소비하면 즉시 만족을 얻을 수 있지만, 그 만족감은 대개 금세 고갈된다. 반면 투자하는 사람은 이후의 더 뜻깊은 결산을 기대한다. 미래의 더 나은 수익을 위해 지금 시간을 투자하는 것이다. 치열한 자녀 양육은 시간을 투자 자원으로 활용하며, 그래서 기대하는 바가 근본적으로 달라진다. 부모로서 우리는 가장 귀한 자원인 시간을 장기적으로 투자하는 것이다.

십대 부모는 시간을 어떻게 써야 할까? 그동안 우리는 목표 달성에 도움이 되는 다섯 가지 방법을 찾아냈다.

1. 의지적으로 시간을 투자하여 엄마와 십대, 아빠와 십대 사이에 일대일로 마음의 소통을 가꾼다

마음의 소통을 제대로 가꾸면 양쪽 사이에 꼭 필요한 물줄기가 트여 십대 자녀의 삶에 마음껏 영향을 미칠 수 있다. 마음의 소통을 가꾸려는 당신의 노력은 아마 자녀가 아기일 때부터 시작되어 사춘기인 지금까지 이어졌을 것이다. 자녀와 마음으로 잘 통하는 상태인지 아닌지 알 수 있는 간단한 테스트가 있다. 자녀와의 관계에서 영향력을 미치고 있는가? 이 말은 무슨 뜻인가? 십대 자녀를 양육하다 보면 부모로서 최선을 다하고도 결국 완전히 실패한 것처럼 느껴질 때가 있다. 당신에게도 그런 순간이 적어도 한 번은 있었을 것이다. 딸이 "엄마 미워요"라고 하는 말을 들었을 수도 있고, 아들이 아빠인 당신에게 말도 섞지 않았을 수 있다. 널뛰는 감정이 가라앉고 나서, 자녀에게 사랑으로 영향을 미치는 일(조종하는 게 아니라)이 가능한가? 바르게 살게 하거나 잘못을 고치게 할 수 있겠는가? 요컨대 결국 자녀가 당신의 말을 들을 것인가? 아이가 당신의 말을 듣는다면 마음의 소통이 탄탄한 상태라 할 수 있지만, 듣지 않는다면 소통을 이루려고 노력해야 할 것이다.

십대 자녀와의 관계를 분석해보라. 막힘이 없는가? 노력이 필요한가? 아예 단절된 상태인가? 당신의 소통 지수는 어떠한가?

자녀와의 소통에 영향을 미치는 요인은 많다. 성격부터 환경까지 모든 것이 소통을 향한 달음질에 걸림돌로 작용할 수 있다. 원가족 경험도 당신이 이것을 이해하는 데 실제로 영향을 미친다. 당신이 부모와 아주 잘 통하는 사이였다면, 자녀와도 똑같은 소통을 이룰 가능성이 크다. 그러나 부모와 데면데면하게 지냈거나 아예 교류가 없었다면, 자녀와도 마음의 소통을 이루기가 힘들 수 있다. 본보기와 경험이 부족하기 때문이다. 다행히 우리는 이 모두를 극복할 수 있다. 치열하게 시간을 투자하고 하나님의 초자연적 도움을 받는다면 말이다.

그렇다면 어떻게 십대 아들딸에게 시간을 투자하여 마음의 소통을 가꿀 수 있을까? 우선 함께 시간을 보내되 자녀가 좋아하는 일을 해야 한다. 내 친구 스티브는 딸과 아주 친하게 지낸다. 많은 이유가 있겠지만 한 가지 확실히 눈에 띄는 이유는, 그가 여러 해째 많은 시간을 투자하여 딸에게 소프트볼의 정확한 투구를 가르쳐왔다는 것이다. 그는 딸이 좋아하는 일을 찾아내 바로 그것을 함께 하는 데 시간을 투자했다. 공을 던질 때마다 둘 사이에 오갔을 모든 대화와 삶의 교훈을 생각해보라. 함께 시간을 보내되 굳이 부모가 좋아하는 일이 아니라 자녀가 좋아하는 일을 하려면 물론 충분한 관찰이 필요하다. 최근에 나는 어떤 아빠와 함께 점심을 먹었는데 그는 십대 아들과 소통하지 못해 힘들어했다. 아빠는 타고난 운동선수에다 코치인데, 그가 간절히 소통하려는 대상인 아들은 음악, 연극, 비디오 게임을 좋아한다. 이 아빠가 마음의 소통을 가꾸려면 자신에게 딱히 재미없는 일이라도 아들과 함께하는 법을 배워야 한다. 그래야 아들의 언어로 마음의 소통을 이룰 수 있다. 당신의 십대 자녀가 즐겨 하는 일을 찾아내 그것을 함께 하라. 간단한 시간 투자지만 자녀에게는 당신이 그들을 사랑해서 함께 있고 싶다는 의미로 전달된다. 시간을 내주는 것이야말로 마음의 소통을 이루는 기초다.

십대를 둔 가정은 꼭 해야 할 일에 너무 집중하느라 함께 즐기는 시간을 투자하지 못할 수 있다. 그래서 우리는 십대 자녀들과 공유할 만한 즐거운 경험을 늘 일부러 찾아낸다. 작은 일도 좋고 특별한 일도 좋다. 일례로 주일 밤에는 으레 근처 냉동 요구르트 가게에 함께 간다. 친구 가정과 동행할 때도 있다. 사실 우리는 아이들이 아주 어렸을 때부터 그곳에 다녔다. 처음에는 아이의 얼굴에 묻은 요구르트를 닦아주거나 분수에서 나오라고 외치는 사이사이에 아내와 내가 짧게나마 대화하는 시간이었는데, 차차 온 가족의 마음을 이어주는 뜻깊은 대화 시간으로 발전했다. 화제도 거의 무제한이다. 물론 작은 일이다. 길어 봐야 두어 시간의 투자고 돈도 15달러 정도밖에 안 든다. 그러나 십대 자녀와 얼굴을 마주하는 이 작지만 꾸준한 투자 덕분에 마음의 소통이 더욱 깊어졌다. 이렇듯 매주 '가족 시간'을 따로 떼어 함께 즐기는 것은 중요하다. 단, 꾸준히 해야 한다. 요구르트를 한 번 먹을 때마다 십대 자녀와 조금씩 마음이 이어진다고 생각하라. 그 자체로는 미약하다. 그러나 중학교 2학년이나 고등학교 2학년 자녀와 함께 이 소소한 경험을 1년에 서른 번쯤 지속하다 보면, 그것이 짬짬한 투자로 쌓여 마음의 소통이라는 큰 수익을 낳는다.

 함께 즐길 시간을 계획하되 요구르트 가게를 넘어 마음을 잇는 추억을 만드는 것도 유익하다. 이런 경험은 살아가면서 두고두고 떠오르기 마련이다. 지금의 십대가 서른 살쯤이 된 15년 후에 당신이 그 자녀와 대화한다고 상상해보라. 대화 중에 아들이나 딸이 이렇게 말한다. "엄마, 우리 그때 '거기' 갔을 때 말이에요…." 십대 때 이런 잊지 못할 경험이 쌓이도록 부모가 가끔 시간을 투자해야 한다. 여행은 자녀와 함께 지낼 좋은 기회다. 풍경이 바뀌면 중년 부모도 십대 학생도 단조로운 일과의 부담에서 벗어날 수 있다. 한동안 모바일 기기를 멀리할 수 있다면 말이다. 꼭 비용이 많이 들 필요는 없지만, 기간은 어느 정도 길어야 한다. 올해 우리 부부는 저렴한 방법으로 두 십대 자녀와 각각 장시간 일대일로 함께 지냈다. 둘째 매들린은 내가 강연을 맡은 시애틀 지역의 집회에 나와 동행했다. 이미 내가 어느 사역 단체에서 섬기기로 되어 있었으므로 비용에 대한 부담은 거의 없었다. 딸과 나는 집회에도 참석했지만, 저녁마다 시애틀 시내를 돌아다니며 즐겼다. 하루는 오후에 페리를 타고 베인브리지 섬에 가서 걷고 바닷가에서 저녁을 먹은 뒤 다시 페리를 타고 시애틀로 돌아왔다. 이 시간이 내게 소중했던 이유는 말을 잘하는 언니와 동생 사이에 껴서 평소에 말이 없던 매들린이 시종일관 나와 대화할 수 있었기 때문이다. 부녀 사이에 마음의 소통이 한 단계 깊어졌다. 시애틀의 보슬비를 맞으며 함께 보낸 그 며칠의 추억을 영영 잊지 못할 것이다.

그 뒤로 아내와 큰딸도 함께 며칠간 여행을 다녀왔다. 올여름에 열여섯 살이 된 헤일리에게 우리는 친척과 친구를 집에 초대하여 인생의 중요한 순간을 경축하든지 아니면 엄마와 둘이 함께 먼 곳으로 여행을 가든지 둘 중 하나를 선택하라고 했다. 딸은 모녀의 시간을 택했고 장소는 멕시코 휴양지로 정했다. 적립된 항공 마일리지를 사용하고, 사우스웨스트 에어라인의 할인 패키지 상품을 선택해 우리 형편에 맞출 수 있었기 때문이다. 모험가에다 방랑벽이 있는 헤일리에게는 이것이 자기 언어로 유려하게 마음의 소통을 할 기회였다! 환승한 도시마다 날씨가 좋지 않았던 게 흠이었지만, 휴양지에 도착해서는 모녀가 함께 멋진 시간을 보냈다. 아름다운 바다에서 수영하고, 근사한 식당에서 식사하며, 현지 문화와 여흥을 즐겼다. 이 모두가 마음과 마음을 이어주는 장이었다. 화제는 주로 미래에 대한 헤일리의 꿈이었다. 편안하고 느긋한 환경에서 딸은 삶과 관계와 자신의 성품에 대한 소신을 천천히 다 표현했다. 집에 돌아와서도 모녀 사이에 마음의 소통이 깊어진 것이 보였다. 함께 나눈 재미있는 경험 덕분에 둘의 관계가 살짝 달라진 것이다.

십대 자녀의 마음에 닿도록 소통하는 것은 언제나 현명하게 시간 투자를 하는 것이다. 우리는 자원에 관한 한 보수적인 가정이지만, 마음을 이어주는 경험에 투자한 시간과 돈은 확실한 이득으로 돌아온다는 것을 배웠다. 멕시코에서 돌아오는 길에 또다시 지연된 비행기 안에서 아내는 뜻밖의 선물을 받았다. 열여섯 살 된 우리 딸과 옆자리에 앉은 중학생 사이에 대화가 시작되었는데, 그 학생은 헤일리에게 학교생활 전반과 또래 집단의 압력에 대한 고민을 털어놓았다. 딸은 그리스도 안에서 정체성을 발견한 자신의 간증을 그 학생에게 나누었고, 아내는 곁에서 그 말을 듣는 특권을 누렸다. 대단한 연설은 아니었지만, 그것이 딸의 참모습이었고 오랜 세월 마음의 소통을 가꿔온 결실이었다. 시간 투자의 열매는 생각보다 멀리까지 퍼져 나갈 수 있다.

2. 영성 형성에 의지적으로 시간을 투자한다

아이들이 어렸을 때부터 우리는 신앙 성장에 시간을 투자했다. 우리 나름의 계획을 세웠는데 완전한 계획은 아니지만, 자녀를 예수님의 제자로 양육하려는 부모로서 따를 만한 지침이라 확신한다. 그 계획을 상술한 책이 앞서 언급한 『유산의 길: 의지적으로 영적 부모가 돼라』이다. 아이들이 현재의 십대가 되기까지 우리는 오랜 세월 그 길로 걸어왔다. 또 지역 교회 리더라는 특수한 위치에 있다 보니 많은 부모와 협력할 기회도 있었고, 자녀를 이 영성 형성의 길로 이끌도록 그들을 준비시킬 수도 있었다. 그동안 우리 눈에 띈 공통 주제 중 하나는 자녀가 십대가 되면, 많은 부모가 자녀를 예수님의 제자로 양육하려는 의지가 뚝 떨어진다는 것이다. 우리도 십대 부모가 되어보니 그 이유를 알 것 같다. 십대를 영적으로 이끄는 일은 여덟 살 아이에게 신앙 지도를 하는 것과 사뭇 다르다. 삶이 더 바빠지고 복잡해진 데다 때로 십대 쪽에서 신앙에 대해 부모와 대화할 마음이 없어지기에 더 힘들다. 호르몬 분비가 왕성해지고, 성격이 충돌하며, 교회와 가정 바깥의 많은 목소리가 자녀의 사고에 영향을 미친다. 이럴 때일수록 부모는 치열하게 자녀의 영성 형성에 시간을 투자해야 한다. 우리의 경우를 돌아보면, 이 방법은 반드시 통한다. 단, 마음의 소통이라는 정황 속에서만 통한다고 말하고 싶다.

십대 자녀의 영성 형성에 투자하는 시간을 이렇게 생각해보라. 우선 '하나님의 순간'을 그때그때 포착한다. '하나님의 순간'이란 자녀에게 성경적 세계관을 길러줄 기회를 가리킨다. 이런 순간은 계획한다고 오는 게 아니므로 평소에 늘 기도로 대비해야 한다. 예컨대 이번 주에 우리는 인근 전문대학의 심리학 과목을 수강하는 십대 딸이 젠더 정체성을 주제로 리포트를 쓰는 것을 도와주었다. 일반 교과서다 보니 젠더 정체성을 보는 관점이 세속적이었는데, 오히려 그것이 성경적 세계관과 세속 세계관의 차이점에 대한 알찬 대화로 이어졌다. 강의실에서 성경적 관점으로 세속 세계관에 대응하되 복음에 합당한 우호적 태도로 하는 방법까지 의논할 수 있었다. 얼마나 값진 순간인가. 치열한 부모는 삶의 우선순위를 재편하여 십대 자녀와 함께 있으면서, 이런 순간을 십분 활용한다.

    또 성경을 읽고 토의하는 시간도 중요하다. 이것을 우리는 '신앙 대화'라고 부르는데, 아이들이 십대가 되면서 방식은 많이 바뀌었다. 이전에는 주일 저녁마다 춤추고 노래하며 짤막한 성경 이야기를 읽었다. 지금 우리의 '신앙 대화'는 교회의 주일 예배 설교 본문을 좀 더 깊이 복습하는 시간이다. 교인 가정마다 설교에 기초하여 토의할 수 있도록 내가 매주 세 가지 질문을 작성하는데, 대개 우리 가정은 그 질문을 활용하여 식사 중에 격의 없는 대화를 나눈다. 대화는 평범할 때도 있고 흥미진진할 때도 있다. 물론 주중에 성경을 토의하는 시간이 이때만은 아니지만, 그래도 우리에게는 '신앙 대화'가 구심점을 이룬다. 다음 세대의 영성 형성을 하나님이 어떻게 보시는지가 성경에 분명히 나와 있다. "오늘 내가 네게 명하는 이 말씀을 너는 마음에 새기고 네 자녀에게 부지런히 가르치며 집에 앉았을 때에든지 길을 갈 때에든지 누워 있을 때에든지 일어날 때에든지 이 말씀을 강론할 것이며신 6:6-7."

    옛말에 사춘기 자녀의 부모는 기도를 훨씬 많이 하므로 하나님과 더 가까워진다고 했는데, 우리도 겪어보니 정말 맞는 말이었다! 십대 자녀와 관련된 기도 시간의 투자는 두 가지 형태로 이루어져야 한다. 우선 자녀를 '위해' 기도하는 중보 기도가 있다. 십대 부모는 이 시기에 (대개 바빠서) 의지적 기도를 나중으로 미루고 싶어 한다. 그러나 우리가 십대 자녀를 위한 기도에 시간을 투자해보니 항상 결과가 좋았다. 사실 중보 기도야말로 부모가 성인기를 향해 질주하는 자녀에게 미칠 수 있는 가장 막강한 영향이다. 중보란 자녀를 대신하여 예수님의 이름으로 하나님 앞에 나아가는 것이다. 이것이 그토록 막강한 이유는 역량이 유한한 부모보다 전능하신 하나님이 십대 자녀의 삶에 최고의 영향을 미치시기 때문이다. 비유컨대 중보는 최고의 '윗선으로 올라가' 자녀를 지으신 창조주의 도움과 형성과 개입과 지혜를 구하는 것이다. 우리가 배우고 있듯이, 중보 기도에는 선제 조치도 있고 사후 대응도 있다. 선제 조치로 우리는 주님이 주신 기도의 규범마 6:9-13을 길잡이 삼아 날마다 자녀를 위해 기도할 수 있다. 명확한 이해를 돕고자 간단히 예를 들자면 다음과 같다. 누구나 응용할 수 있도록 이름은 공란으로 두었다.

> <u>하늘에 계신 우리 아버지여, 이름이 거룩히 여김을 받으시오며.</u> 주님, 주님이 우리의 온전한 아버지시니 감사합니다. 주님이 사랑의 아버지이심을 ○○(이)에게 계시해주소서(○○에 당신의 십대 자녀 이름을 넣어 기도하라). 주님의 이름은 거룩하고

널리 알려져 있습니다. ○○(이)를 이끌어 거룩하신 주님을 경외하고 예배하게 하소서. 부모가 원해서가 아니라 스스로 원해서 주님을 사랑하게 하소서.

<u>나라가 임하시오며 뜻이 하늘에서 이루어진 것같이 땅에서도 이루어지이다.</u> 주님, 오늘 ○○(이)의 삶에 주님의 나라가 임하게 하시고, 오늘 ○○(이)의 삶 속에서 주님의 뜻을 이루소서. 성령으로 ○○(이)를 빚어 주님의 나라를 먼저 구하는 신자가 되게 하소서. ○○(이)에게 주님의 음성을 들을 줄 아는 귀를 주시고, 오늘 주님이 세상에서 하시는 일을 보는 눈을 주소서. ○○(이)에게 주님 뜻대로 행하소서.

<u>오늘 우리에게 일용할 양식을 주시옵고.</u> 주님, 오늘 모든 면에서, 그러니까 신체적, 영적, 정서적으로 ○○(이)를 채워주소서. 자신이 매사에 주님께 의존해야 하는 존재임을 깨닫게 하소서. 오늘 크고 작은 모든 일에서 주님을 의지하도록 도와주소서.

<u>우리가 우리에게 죄지은 자를 사하여 준 것같이 우리 죄를 사하여 주시옵고.</u> 주님, ○○(이)에게 자신의 죄를 깨닫게 하시되 아는 죄만 아니라 모르는 죄까지도 지적해주소서. ○○(이)를 살살 다루어주시고 유순한 마음과 성령께 민감한 마음을 주셔서 신속히 회개하게 하소서. ○○(이)를 지극히 사랑하

셔서 죄에서 구원하려고 아들 예수님을 보내주셔서 감사합니다. ○○(이)가 자신에게 죄지은 사람들을 용서하도록 도와주소서. 상처를 치유해주시고 용서하지 않을 때의 고통에서 해방해주소서.

<u>우리를 시험에 들게 하지 마시옵고, 다만 악에서 구하시옵소서.</u> 주님, 오늘 ○○(이)가 살아갈 세상을 주님은 아십니다. 원수 마귀의 술수와 악한 사람들의 책략도 아십니다. 오늘 ○○(이)가 유혹에 넘어지지 않도록 도와주소서. 지혜를 주셔서 술수와 거짓말과 올무를 알아차리게 하소서. ○○(이)를 삼키려는 악으로부터 보호해주소서. 주님 말씀의 진리와 성령의 능력으로 마음과 생각을 지켜주소서. 아멘.

이 막강한 도구는 중보 기도 중 선제 조치에 해당하지만, 부모는 주로 위기 상황에서 필요한 사후 대응에도 힘써야 한다. 위기라면 우리도 겪을 만큼 겪었다. 이 기도는 속으로든 큰 소리로든 하나님께 부르짖는 기도다. 그분께 도움을 구하다 보면, 어느새 웅크리거나 엎드린 자세가 될 수도 있다. 이런 위기의 순간에는 얼른 기도하라. 치열한 부모는 고통이나 상처나 두려움의 순간에 중보 기도로 대처한다. 정해진 틀은 없다. 그냥 마음 가는 대로 아들딸을 위해 부르짖으며 기도하면 된다. 당신도 부

모로서 잠 못 이루는 밤이 있을 텐데, 불면의 이유가 많겠지만 하나님이 십대 자녀를 위해 기도하라고 당신을 깨워두실 가능성도 있다. 설령 이유를 모르더라도 민감하게 중보 기도에 시간을 투자하라.

   시간을 할애하여 십대 자녀와 '함께' 기도하는 것도 똑같이 중요하다. 우리는 신명기 6장의 영성 형성 모델에 따라 아침 등 굣길에서 그리고 밤에 자리에 누울 때 아이들과 함께 기도한다. 아이가 좀 컸다고 해서 취침 전의 소통을 중단할 이유는 없다고 본다. 솔직히 지금도 우리는 십대를 어렸을 때와 거의 똑같이 '재운다.' 일대일의 시간인데 아이가 셋이니까 시간이 걸린다. 부모로서 어두운 침대맡에 걸터앉아 이야기를 듣고 기도하며 아이를 축복한다. 아이의 이야기를 듣는 이유는 그가 어둠 속에서 말하기 때문이다. 십대 부모라면 누구나 알듯이 진정한 대화는 찾아올 때 붙들어야 한다. 구체적으로, 각자의 기도 제목을 두고 기도하는 것 외에도, 우리는 마태복음 22장 37-40절 말씀대로 그들이 마음과 목숨과 힘과 뜻을 다하여 하나님을 사랑하는 사람이 되게 해달라고 밤마다 기도한다. 또 예수님처럼 사람들을 잘 사랑하게 해달라고 기도한다. 이어 아이들을 축복한다. 머리에 손을 얹고 민수기 6장 24-26절에 나오는 아론의 축복처럼 주님이 그들에게 복을 주시고 그들을 지키시며 주님의 얼굴을 비추셔서 평강을 주시기를 구한다.

자녀를 위해 기도하고 자녀와 함께 기도하는 시간 투자와 관련해서 마지막으로 덧붙일 말이 있다. 불편한 기도 시간도 놓치지 말라. 때로 부모는 십대 자녀가 상처나 고통이나 고민을 털어놓거나 승리를 즐거워할 때, 그 자리에서 즉시 시간을 내서 기도해주어야 한다. 대개 불편하지만, 매번 그들의 마음에 가닿는다. 하나님께 그들의 고통을 덜어달라고 부르짖을 때든 삶에서 승리를 거두어 함께 그분을 찬양할 때든 마찬가지다. 이게 꼭 필요한 이유는 거기서 두 가지가 전달되기 때문이다. 첫째, 우리가 범사에 하나님을 의지한다는 것과 그것이 기도로 표현된다는 것이다. 둘째, 바쁜 일정을 중단하고 자녀의 말을 듣고 기도해주면 자녀는 부모의 우선순위에서 자신이 어느 위치에 있는지를 안다. 얼마나 소중한 시간 투자인가.

3. 시간을 투자하여 다른 신자들과 함께 공동체로 신앙을 실천한다

우리는 지역 교회에 속해 매주 함께 예배하는 시간을 중시한다. 교회에서 모든 세대가 함께 모이는 시간이 있으면 더 좋다. 8세 아동들과 80세 노인들과 더불어 예수님을 찬양하며 찬송가까지 부를 줄 아는 십대는 세상이 '십대만의 세계'보다 넓다는 것을 안다. 그들은 변화된 삶의 간증을 들으면서 하나님이 다른 사람들의 삶 속에서 일하시는 증거를 본다. 거짓투성이 세상에서 또 한 주를 맞이할 준비로, 설교 시간에 성경의 진리를 듣고 깨달을 수도 있다. 십대는 교회를 사랑할 때도 있고 싫어할 때도 있다. 호르몬, 인생에서 절정을 맞이한 경험, 친구 관계, 은밀한 죄, 공동체의 수준 등 수많은 가변 요인에 따라 이랬다저랬다 한다. 그리스도인 부모들이 범하는 큰 잘못 중 하나는 예수 그리스도를 높이는 매 주일 공예배에 십대가 가기 싫어할 때 그것을 허락해주는 것이다. 그런 경우를 많이 보았다. 십대는 부모의 신앙을 수용하거나 거부하려는 시기가 있다. 우리는 이때를 아동기 이후의 일생에 대비하여 십대 자신의 신앙을 정립하도록 하나님이 정하신 시기라 본다. 종종 십대는 교회에 가지 않으려 저항한다. 이럴 때 부모는 저항에 굴하기 쉽다. 우리도 그런 유혹을 느껴봐서 안다. 그러나 치열한 부모는 십대 자녀도 예수 그리스도를 높이는 마음으로 주일 아침에 가족과 함께 교회에 가도록 계속 이끌고, 필요하다면 요구한다. 주일의 한두 시간은 무리한 요구가 아니다. 그러니 자녀의 말에 흔들려 다르게 생각해서는 안 된다. 자녀는 물론이고 부모마저 때로 필요성을 잘 모를 수 있으나 그들도 그리스도의 몸 된 교회에서 그분을 체험해야 한다.

우리는 예수 그리스도의 교회로서 선교에도 시간을 투자한다. 마태복음 28장 18-20절에 친히 말씀하셨듯이, 그분은 우리가 모두 복음으로 다른 사람들을 섬기기를 원하신다. 그래서 우리도 선교 활동에 시간을 들인다. 이 일은 우리의 기존 영향권에서 시작한다. 평소 중시해온 치열한 사랑을 몸으로 실천하며 섬기되, 우리 동네와 도시로부터 온 세상 사람에게로 넓혀나간다. 이렇게 헌신하려면 시간을 투자해야 한다. 우리는 교회의 지역 선교 활동에 나란히 함께 봉사하는 것을 자녀가 어렸을 때부터 시작했다. 자녀가 중학교에 들어가고 나서는 그리스도의 몸 된 교회의 지체인 그들을 단기 선교에 보내 은사대로 섬기게 했다. 역시 인근 지역에서 시작하는 게 우리의 전략이다. 예컨대 지난여름에 우리 교회 학생부에서 휴스턴 인근의 갤버스턴 도시선교회와 제휴하여 봉사 활동을 펼쳤는데, 우리 딸 한 명도 거기서 일주일을 보냈다. 비록 집에서 35분 거리밖에 되지 않았지만, 이 경험 덕분에 딸은 그리스도를 향한 열정, 사람들을 사랑하는 마음, 빈민을 섬기려는 의욕이 뜨거워졌다. 한편, 큰딸은 이슬람권에 복음을 전하려는 장기 전략의 일환으로 우리와 함께 중동에서 봉사했다. 자신과는 아주 다른 사람들을 예수님의 이름으로 도우면서 사랑의 반경과 하나님을 향한 마음이 넓어졌고, 그들이 거짓 종교의 굴레에서 벗어나 그리스도 안에서 구원의 자유를 누리는 모습을 보고 싶다는 열망도 깊어졌다. 십대 자녀를 예수님의 제자로 양육하는 부분에서 우리는 선교에 투자한 며칠이 1년에 걸친 세상 최고의 가르침보다 더 효과가 좋다고 믿는다. 자녀가 하나님을 사랑하고 모든 부류의 사람을 사랑하는 성인으로 자라가기를 바란다면 함께 선교에 시간을 투자하라.

4. 시간을 투자하여 삶을 지도한다

십대 자녀를 둔 부모는 역할이 변한다. 어떤 면에서 코치도 되어야 하므로 삶의 자세가 이전과는 달라진다. 이 단계의 부모는 자녀에게 부모의 보호 아래서 성인의 삶을 연습하게 한다. 시간을 투자하여 그들에게 삶의 수완을 가르쳐야 한다. 이 말은 생뚱맞거나 당연해 보일지 모르지만, 꼭 필요한 것이다. 십대 자녀가 장차 성인으로서 성공하려면 우리가 그들에게 삶의 실제적 기량을 가르쳐주고, 집을 떠나기 전에 그런 기량을 연습하게 해주어야 한다.

그렇다면 자녀에게 가르쳐야 할 삶의 수완은 무엇일까? 무능하면 삶이 망가지는 그런 수완에서부터 시작하라. 우리 경험에 따르면, 돈 관리와 인간관계는 삶의 기본 수완이며, 능숙하면 결실이 풍성하지만 서툴면 파멸을 부른다. 자녀가 십대에 이르면 우리는 기본 용돈만 주고 적정선의 돈벌이를 권한다. 책임이 필요하면서도 일정이 자유로운 아기 보기나 잔디 깎기 등이 좋은 기회다. 필수품 외의 물건이나 일부 오락 분야에 대해서는 스스로 책임지고 비용을 치르게 한다. 단기 선교나 여행 같은 절호의 기회가 와도 우리는 일부만 지원하고 나머지 재정은 본인이 부담하게 한다. 우리는 은행처럼 현금을 융통해주면서 그들의 입금과 출금을 온라인 스프레드시트에 기록한다. 그들은 언제고 잔고를 확인할 수 있으며, 이렇게 향후의 비용이나 활동에 맞추어 미리 계획하는 법을 배운다. 이것이 중요한 이유는 직접 일해야만 돈이 나오는 현실 생활을 딸들이 배울 수 있기 때문이다. 일하지 않으면 돈도 없다. 단순한 교훈 같지만, 더 많은 성인이 십대 때 이것을 배웠더라면 여러 비극을 면할 수 있었을 것이다. 예산을 짤 줄 아는 십대는 향후의 크고 작은 목표를 성취할 수 있다. 우리는 또 십대 자녀에게 저축과 남에게 넉넉히 베푸는 삶과 교회 헌금 등의 가치도 가르친다. 아울러 그들은 현실에 적응하는 법도 배운다. 형편상 허락되지 않는 일도 있는 게 현실이다. 시간이 지날수록 삶에 대한 그들의 결정은 돈 관리를 해본 경험을 바탕으로 더욱 알차지고, 부모를 통해 하나님이 주시는 의식주를 더욱 귀하고 고맙게 여길 줄 알게 된다. 우리가 자녀와 남을 위해 재정적으로 희생할수록, 우리의 십대 아이들도 감사하는 마음과 자기 자원으로 남에게 더욱 베풀려고 했다. 역설적으로 이는 자족으로 이어진다. 자녀가 집을 떠나기 전에 돈에 대해 가르치지 않는다면, 바지를 입을 줄도 모르는 상태로 그들을 밖에 내보내는 것과 같다. 어쩌면 그보다 더할 수도 있다. 돈 관리라는 삶의 수완이 없으면 바지를 입기는 고사하고 구입조차 할 수 없는 날이 올 테니 말이다.

부모가 시간을 투자하여 가르쳐야 할 두 번째로 중요한 삶의 수완은 관계 개념이다. 당신의 자녀는 아기 때부터 관계에 참여하는 법을 배우는데, 그 근거는 순전히 당신에게서 느껴지는 교감과 당신이 보여주는 대인 관계에 있다. 원가족은 평생 우리의 모든 관계에 지대한 영향을 미친다. 당신이 시간을 투자하여 배우자와 자신과 자녀를 잘 사랑하면 그것이 자녀의 평생에 건강한 관계의 기초가 된다. 더 나아가 당신이 자녀 앞에서 관계를 망쳤을 때는 시간을 들여 대화하고 회개하라. 구체적 상황은 사람마다 다를 수 있다. 어느 날 유난히 스트레스가 심한 밤, 나는 누군가의 면상에 주먹이라도 날리고 싶은 심정으로 집에 돌아왔다. 뒷문을 열고 집에 들어서니 세 아이가 징징거리며 엄마에게 함부로 대하는 것처럼 보였다. 나의 첫 판단이 전적으로 공정하거나 정확하지 않았다는 것을 나중에야 알았다. 그런데도 나는 그런 판단에 따라 행동했다. 아이들에게 화내며 호되게 말한 것이다. 아내는 상황을 설명하려고 애썼는데, 나는 아내에게 무시당하는 기분마저 들었다. 마침 주방에 아직 뜯지 않은 과자 한 봉지가 놓여 있었다. 그 안에 가득한 공기와 '바삭바삭한' 과자, 그것을 내려치고 싶다는 충동을 느꼈다. 봉지를 팍 내려치니 요란한 '뻥' 소리와 함께 주방과 거실에 과자가 비처럼 쏟아졌다. 이런 행동이 관계에 부정적 영향을 미쳤음은 물론이다. 나는 시간을 들여 회개하고 용서를 구했다. 무시당하는 기분이 들 때도 절대 사람을 함부로 대해서는 안 된다는 것을 십대 자녀들에게 보여주었다. 나 스스로 반면교사가 된 셈이다. 역시 단순해 보이지만, 시간을 투자하여 관계상의 잘못된 행동을 수습하지 않는 부모는 십대에게 잘못을 고치거나 사과할 줄 모르는 본보기를 남기는 것이다.

동성이나 이성 친구와의 관계에 대한 진정한 대화도 십대 시절에 꼭 필요하다. 이것은 부모도 십대도 한사코 기피하는 화제인데, 아마 불편해서일 수도 있고 부모가 느끼기에 그냥 투자할 시간이 없어서일 수도 있다. 우리 문화에서는 부모가 올바른 대인 관계를 명확히 알려주는 게 중요하다. 자녀에게는 답을 모르는 의문과 채워야 할 빈칸이 있고, 답의 출처는 또래나 인플루언서나 실험이든지 아니면 치열한 부모든지 둘 중 하나다. 그러니 기존의 또래 관계에 대한 대화에 투자하라. 그러려면 십대 자녀의 친구들을 알고, 자녀에게 질문을 던지며, 시간을 들여 경청해야 한다. 성 관련 질문과 데이트 관계에 대한 소통 채널을 열어두고 시간을 내서 개입하라.

우리가 가르쳐야 할 삶의 수완이 더 있을까? 물론이다! 자녀에게 타이어 교체, 주유, 세탁, 집 청소, 자동차 정비, 대인 소통 등을 가르치라. 거주지의 법규에 따라 부모가 십대 자녀에게 운전을 가르쳐도 된다면 운전 학원에 보내지 말고 직접 가르치라. 이 모두에 반드시 투자해야 할 자원이 바로 시간이다.

5. 시간을 투자하여 자녀를 섬긴다

섬기는 마음은 자녀 양육 전체의 중심이지만, 시간을 투자하여 십대 자녀를 섬기면 그들을 추적하여 마음으로 소통하는 데 도움이 된다. 사실 우리는 단순하지만 중요한 방식으로 매일 그들을 섬긴다. 저녁에 숙제할 때 시간을 내서 도와주고, 수시로 팀을 이루어 리포트를 수정하고 수학 숙제를 점검해준다. 문학, 심리학, 역사, 성경 과목에서 철학적 문제가 대두될 때도 대화 상대가 되어준다. 흥미롭게도 이런 소소한 투자가 십대 자녀에게 아주 깊이 닿게 되고, 그들은 우리의 도움에 감사하며 사랑으로 보답한다. 당신도 우리만큼이나 십대를 잘 알겠지만, 그들의 마음에서 우러나는 "고마워요"는 그만큼 당신과 자녀의 마음이 연결되어 있다는 증거다.

자녀의 소속 단체에서 자원봉사 하는 것도 우리가 섬기는 한 방법이다. 그래서 그동안 축구 코치도 맡았고, 중고등부 소그룹도 인도했으며, 기회 있을 때마다 온갖 자잘한 일로 봉사했다. 이게 참 좋은 이유는 자원봉사로 자녀를 섬길 뿐 아니라 교사와 코치와 또래를 상대하는 자녀의 관계 영역에도 영향을 미치기 때문이다.

저녁 식탁에서 보내는 시간도 아주 뜻깊은 섬김의 행위다. 일정이 바쁜 와중에도 우리는 저녁을 거의 매일 집에서 함께 먹는다. 저절로 되는 일은 아니다. 그날 일정에 맞추어 메뉴를 계획하고 식사를 준비하고 모든 시간을 조절하려면 정말 노력이 필요하다. 가족이 함께 먹으면 마음이 안정되고 몸이 건강해지고 소통이 원활해진다. 옛말에 십대의 마음에 이르려면 배를 통과해야 한다고 했는데 어떤 면에서 맞는 말이다.

이쯤 되면 의문이 들 수 있다. "누가 시간이 있어 이 모든 일을 할 수 있단 말인가?" 바로 그게 이번 장의 요지다. 우리가 배우고 있듯이 시간을 투자하여 십대 자녀의 마음을 추적하려면 웬만큼 자아에 대하여 죽어야 한다. 다시 말해, 십대 자녀를 추적하려면 당신이 하고 싶은 일을 나중으로 미루고 우선순위를 조정하여 자녀에게 시간을 투자해야 한다. 희생의 내용은 당신

소관이거나 소관 밖인 많은 변수에 따라 가정마다 달라진다. 그렇다고 당신이 늘 자식의 눈앞을 떠나지 못하는 '헬리콥터 부모'가 되어야 한다는 말은 아니다. 그러면 자녀가 성인이 되는 데 오히려 방해된다. 십대 부모가 자녀의 마음을 간절히 추적하는 데 투자할 시간을 확보하려면, 자아에 대하여 약간 죽어야 한다. 지금 시간을 투자하면 3-4대 후에까지 엄청난 배당금이 돌아온다. 그렇다면 다음번 승진을 사양할 가치가 있지 않을까? 날마다 출퇴근에다 세 시간씩 허비하지 않도록 직장을 집 가까이에 구할 만도 하지 않을까? 남에게 뒤지지 않으려고 아등바등하기보다 작은 집에 살거나 중고차를 몰더라도 시간을 벌어 아들딸에게 투자하는 게 값진 희생이 아닐까? 시계는 똑딱똑딱 지금도 쉬지 않고 흐른다.

리씽크 그룹reThink Group에서 출시한 레거시 카운트다운Legacy Countdown, 유산 초읽기이라는 앱을 우리도 가끔 열어본다. 자녀의 생일을 앱에 입력하면 졸업 때까지 남은 시간을 분 단위로 알려준다. 우리 큰딸에게 남은 시간은 오늘부로 68주다. 이 냉엄한 현실을 생각하면 부모로서 자아에 대하여 죽어야겠다는 마음이 절로 생긴다. 십대 시절은 영원히 지속되지 않지만, 이 시기에 우리가 시간을 투자하는 방식은 성인이 되어가는 십대 자녀에게 중대한 영향을 미친다.

5장.
경계를
설정해주라

　　　　　　십대를 양육하는 경험에는 기쁨과 아픔이 넘쳐난다. 우리도 산꼭대기와 깊은 골짜기를 두루 지나왔다. 특히 십대 부모로서 여정 중에 우울함에 빠진 시기가 있었는데, 하나님의 선하심을 믿지 못해서라기보다 가정의 평화가 사라져서 절망했다. 몇 주 동안 가족이 모였다 하면 싸우거나 울었다. 문제의 발단은 오래된 정서적 상처가 십대 딸에게 남긴 분노와 고통의 앙금이었다. 평소에 말로 잘 표현하는 딸답게 비참한 그때도 말로 우리를 무너뜨렸다. 기쁨이 별로 없던 시절이었고, 목숨보다 더 사랑하는 어린 딸이 우리를 미워한다고 말했다. 딸의 고통을 이해했고 가시 돋친 말도 본의가 아님을 알았지만, 그래도 그것이 우리 마음에 비수처럼 꽂혔다. 어느 날 우리는 이 모든 것에 대해 밤늦도록 대화했다. 아내는 이제라도 키스 한 번으로 날려 보내 모든 게 나아질 수 있다면 좋겠다고 말했으나 이미 엎질러진 물이었다. 우리는 신실하게 하나님을 구하고 딸의 마음과 영혼을 추적하며 함께 시련을 헤쳐나가야 했다. 마냥 괴로운 상황으로 인한 비참한 심정에 대해서도 대화했다. 바로 그 순간에 우리는 부모인 우리 마음을 보호하고자 확실히 선을 그었다. 우리의 기쁨이 자녀 양육의 성과에 기초할 수 없음을 고백하고 나서야 자유를 되찾았다. 그것은 누구에게나 과중한 부담이다. 우리 모두의 참된 기쁨은 하나님에게서만 기원하며, 이것을 자녀에게 가르치고 그들 앞에서 실천하는 것이 부모의 본분이다. 우리 힘으로는 억장이 무너지는 불가능한 여정이다. 다행히 우리는 혼자가 아니며 거룩하신 아버지가 닦아놓으신 길로 십대 자녀를 이끌 수 있다. 부모의 걸음은 바로 그 길에서 확신과 소망과 기쁨을 얻는다. 우리가 그은 선은 우리의 기쁨이 자녀에게 달려 있지 않고 하나님에게서 온다는 것이다. 이 진리가 우리에게만이 아니라 어린 자녀들에게도 모든 것을 바꾸어놓았다. 알고 보니 우리 삶이 여전히 지속될 것과 온 집안의 기쁨을 그들이 좌우할 수 없다는 것을 십대에게 알리는 게 중요했다. 좋은 경계선은 평화를 이루고 지켜주지만, 이런 경계가 없으면 지나친 충돌과 혼란에 빠진다.

헨리 클라우드Henry Cloud와 존 타운센드John Townsend는 경계에 대한 아주 유익한 시리즈 저작에서 경계선을 소유지의 시작과 끝을 표시하는 선에 비유했다.[1] 경계는 최선의 삶을 위해 하나님이 설계하신 것이다. 모든 인간관계와 자기 관리에는 한계가 있다. 십대를 양육할 때 현실적 경계를 정하고 지키면 가정과 십대도 건강해지고 부모도 적잖은 샬롬을 누릴 수 있다. 사실 십대 자녀는 삶의 거의 모든 면에서 기회가 많아진다. 이에 따라 십대 시절에는 대개 자유의 수위도 높아지며 이는 바람직한 일이다. 부모는 성인이 되어가는 자녀에게 경계선을 넓혀주되 동시에 잘 통제해야 한다. 그러면 자녀가 집을 떠나기 전에 책임감 있는 사람이 될 수 있다. 다만 이것은 약간 춤과도 같다. 그들에게 자유를 얼마나 줄 것인가? 자기표현의 선을 어디에 그을 것인가? 양보할 수 없는 부분은 무엇인가? 경계를 분명히 설정해야 한다.

---

1 Henry Cloud & John Townsend, *Boundaries* (Grand Rapids, MI: Zondervan, 1992). 『No라고 말할 줄 아는 그리스도인』, 좋은씨앗

경계선 1: 존중과 존경

적어도 미국의 십대는 무례한 무리로 정평이 나 있고 특히 권위 인물을 대할 때 그렇다. 그들이 접하는 우리 문화의 매체도 이런 정체성을 부추긴다. 그런 평판이 문화에 팽배하다 보니 이해심 많은 부모는 십대의 무례에 으레 '그러려니' 하는 경향이 있다. 그러나 우리가 배우고 있듯이 "자녀들아…너희 부모에게 순종하라…네 아버지와 어머니를 공경하라"는 에베소서 6장 1-2절 같은 중요한 성경 말씀을 어린아이에게만 가르칠 게 아니라 십대를 둔 가정에까지 이 지혜의 적용을 확장해야 한다. 우리 집도 완전하지 못해 가끔 불손과 무례가 불거질 때가 있다. 그때마다 우리는 존중을 요구하며 불손을 고쳐준다. 우리에게는 정말 중요한 문제다. 그럴 만한 영적, 실제적 이유가 있다. 영적으로 성경은 부모를 공경하는 후대에게 복이 임한다고 가르친다. 또 성인인 우리 자신의 경험으로 보더라도, 부모를 공경할 줄 아는 사람은 하나님 아버지를 공경할 줄도 안다. 이것은 당신의 십대 자녀에게 지금도 중요하고 성인이 되어 있을 10년 후에도 중요하다. 장래의 배우자와 자녀 등 하나님의 형상대로 지어진 타인을 존중하는 태도로 연결되기 때문이다. 존중과 존경은 하나님이 우리를 가장 잘되게 하시려고 설정하신 기본 경계다. 이런 영적 이유 외에도 부모를 존경하고 형제자매를 존중하면 가정이 한결 더 평화로워진다. 십대에게 존중하는 자세로 소통할 것과 존경하는 마음으로 부모의 리더십에 따를 것을 요구하면, 가족 간에 충돌할 가능성이 줄어든다. 오히려 자녀를 향한 부모의 신뢰가 깊어져 그것이 자녀에게 자유와 기회라는 복으로 돌아온다. 물론 우리가 그동안 배웠듯이 자녀는 존중과 존경을 표현하는 법을 부모를 보고 배운다. 부모가 서로 잘 존중하면 그것이 십대 자녀에게 존중과 존경의 본보기가 된다. 자녀가 십대가 되면 그들도 지금까지와는 다른 의미에서 존중받아야 한다. 그들 자신이 하나님의 형상대로 지어진 인간으로서 존중받으면 대개 반응도 똑같이 나온다.

경계선 2: 신뢰(복과 저주)

특히 십대 시절에는 신뢰가 매우 중요하다. 신뢰가 쌓여야 부모는 서서히 십대 자녀에게서 손을 뗄 수 있고, 자녀는 하나님과의 관계나 서로와의 관계를 유지하는 가운데 그분을 경외하는 성인이 될 수 있다. 반면 신뢰가 깨지면 선을 넘은 것이므로, 결과가 뒤따른다. 신명기 28장에서 하나님은 그분이 주시는 약속의 땅에 들어갈 자손에게 하나의 제도를 세우신다. 율법에 제시된 경계를 모든 사람이 확실히 이해한 뒤에 그분은 순종과 불순종에 각각 복과 저주가 따를 것을 말씀하신다. 이 동일한 원리를 우리는 자녀 양육에도 적용한다. 다만 자녀를 실제로 저주하지는 않는다. 경계를 명확히 정하는 것은 부모의 역할이다. 십대 자녀가 신뢰에 부응하면 순종의 결과로 경계선이 확장될 수 있다. 예컨대 우리 집의 십대가 운전을 시작하면 운전할 수 있는 반경이 엄격히 정해져 있다. 어디에 가고, 언제 도착하며, 누구와 함께 있고, 언제 집에 올지를 부모에게 알려야 한다. 이 선을 지키면 우리의 신뢰가 깊어져 그들의 자유 반경이 지리적으로 약간 넓어지되 다른 경계는 이전과 같다. 그러나 그들이 지리적 반경을 넘어가 신뢰를 깨뜨리면 불순종의 결과가 따른다. 예컨대 한동안 차를 운전할 수 없거나 휴대 전화를 압수당할 수 있다. 다시 말해, 신뢰가 깨지면 자유가 줄어들지만, 신뢰를 지키면 기회가 늘어난다.

신뢰는 오랜 시간 작은 순종의 행위가 모여서 형성된다. 기준은 완벽한 상태가 아니라 순종하는 마음이다. 십대 자녀가 거짓말하거나 당신이 정해둔 규칙을 교묘히 조종하면 신뢰가 깨진다. 사역 현장에서 우리는 각양각색의 사례를 듣곤 한다. 부모에게 성경 공부에 간다고 말하고는 남자 친구나 여자 친구를 만나 '선을 넘는' 아이들도 있고, 말로는 허락된 영화를 보러 간다면서 실제로는 금지된 영화를 보는 십대도 있다. 친구 부모가 집을 비웠는데도 "오늘 아무개 집에서 잘 건데 걔네 부모님도 집에 계셔요"라고 속이는 뻔한 수법도 있다. 십대 자녀에게 너무 가혹해지기 전에, 당신은 혹시 부모를 속인 적이 없는지 돌아보라. 부모의 신뢰를 깨뜨린 적은 없는가? 나는 운전을 배우던 열다섯 살 때 부모의 1978년형 흰색 포드 LTD를 '빌려' 몰래 동네를 한 바퀴 돌았다. 아직 운전면허증도 없었고, 차를 몰고 나가도 된다는 허락은 더더욱 받지 못했다. 동네 할아버지들은 괴물같이 큰 흰색 차에 나 혼자 타고서 자기네 집 앞을 지나가는 것을 보았다. 당연히 내 무단 운전은 곧 부모에게 알려졌고 이로써 신뢰가 깨졌다. 희한하게도 단 한 번의 거짓말이나 잔꾀도 부모와 십대 자녀 사이의 신뢰 수위를 확 낮추는 위력이 있다. 자녀가 여태 꾸준히 순종했더라도 말이다. 신뢰가 깨졌을 때 어찌할 것인가? 알다시피 그런 일은 있기 마련이다. 역시 최고의 답은 우리의 거짓말과 속임수를 다루시는 하나님 아버지의 방식을 그대로 본받는 것이다. 여기 몇 가지 조언이 있다.

(1) <u>폭발하지 말고 확인하라</u>. 우리가 배웠듯이 격한 분노 폭발은 상황에 전혀 도움이 되지 않는다. 그보다 자녀에게 실상을 확인하라. 당신이 이미 안다고 생각하더라도 무슨 일인지 물어

보라. 눈을 마주 보며 대화하라. 실제로 벌어진 일을 자녀의 입으로 말하게 하라. 실토하고 회개할 기회를 주라. 나머지 과정이 어떻게 전개될지는 자녀의 자세와 태도에 달려 있다.

(2) 침해된 경계선을 분명히 지적하라. 이 단계가 중요한 이유는 자녀의 유익을 위해 이미 정하고 동의한 경계를 십대에게 환기하기 때문이다. 그러려면 십대 자녀와의 명확한 소통이 미리 전제되어야 한다.

(3) 결과를 시행하라. 십대가 자유를 더 얻으려고 거짓말하거나 상황을 교묘히 조종하면 자유나 특권의 상실이 뒤따라야 한다. 당신이 신뢰에 기초하여 자녀에게 부여한 특혜를 생각해보라. 우리 집에서는 기본적으로 세 가지 범주, 즉 모바일 기기와 차 열쇠와 친구와의 만남이다. 단순히 자녀의 자유 수위를 한동안 낮추라. 그들이 당신이나 다른 권위 인물의 신뢰를 저버렸기 때문이다.

(4) 회개하면 은혜를 베풀라. 당신의 자녀는 당신이 잘 아니까 자녀가 진심으로 뉘우치는지 아니면 계속 반항하는지도 분간할 수 있다. 자녀가 회개하거든 은혜를 베풀라. 빼앗았던 자유를 돌려주되 결과를 다 시행한 후에 돌려주라. 다시 자녀를 신뢰하겠다고 말해주라.

(5) 회개하지 않으면 경계를 더 좁히라. 십대 자녀가 계속 반항한

다면 아직 신뢰가 회복되지 않은 것이다. 자녀를 신뢰할 수 없을 때는 자유도 줄 수 없다. 이 개념을 자녀에게 수시로 설명해주라. 반항하는 태도가 계속되거든 경계를 더 좁히라. 행동의 결과로 자유를 제한하는 것이다. 물론 쉽지 않다. 자녀 못지않게 당신도 힘들 수 있다. 다시 당신이 운전하여 그들을 여기저기 데려다주고 데려와야 할 수도 있다. 분명히 당신도 불편함을 느낄 것이다. 그래도 치열하게 사랑하라. 마침내 자녀가 회개하거든 그때 '족쇄'를 풀어주라.

이 모두가 말이야 쉽지만 실천하기는 어렵다. 십대를 상대로 신뢰를 회복하는 과정에는 감정이 격앙되거나 격렬한 논쟁이 일어날 수 있다. 우리도 극도로 분노하고, 눈물을 쏟을 뻔한 적이 여러 번 있었다. 아이들이 훌륭하고 우리와 세상의 복이 되어 하나님께 자주 감사드리지만, 솔직히 그래도 힘들다. 우리는 혼란 속에서 하나님께 나아가는 것이 매우 중요하다는 것을 배우고 있다. 십대 자녀를 위해서는 물론이고 우리 자신의 마음을 위해서도 기도해야 한다. 자신이 부모임을 끊임없이 상기해야 한다. 가장 좋은 날에는 자녀를 상대하다 신뢰가 깨졌던 아픔에 매몰되지 않을 수 있다. 또 최악의 날에는 달리거나 산책하거나 샌드백을 치면서 현명하게 그 과정을 헤쳐나갈 평정심을 유지해야 한다. 그래도 우리가 이 길을 가는 이유는 그것이 바로 치열함의 본질이기 때문이다.

경계선 3: (이성이나 동성) 친구 관계

21세기 십대의 인간관계는 점점 더 까다로워지고 있다. 관계란 늘 까다로웠는지도 모르지만, 십대 자녀를 둔 부모에게는 그게 똑똑히 보인다. 오늘날 사람들의 표리부동이 갈수록 심해지고 있다. 관계는 생명을 살릴 수도 있지만 수많은 방식으로 생명을 앗아갈 수도 있다. 십대 부모는 자녀에게 건설적 관계와 파괴적 관계를 바르게 식별하는 법을 가르쳐야 한다. 대개 십대는 아직 지혜가 부족해서 그 차이를 얼른 알아차리지 못한다. 인간관계의 심연으로 더 깊이 들어가기 시작할 때가 십대인데, 이런 십대 자녀를 보호하려면 어떤 경계를 설정해야 할까? 우리의 취지상 십대의 관계를 두 범주로 구분하려 한다. 하나는 친구고, 또 하나는 이성 친구다.

모든 부모는 십대 자녀가 좋은 친구를 사귀기를 원한다. 사실 또래 관계는 이 시기에만 아니라 성인이 되어서까지 그들의 됨됨이에 지대한 영향을 미친다. 그래서 자녀의 우정에 관해서 부모는 끈질기게 관심을 가져야 한다. 거듭 말하지만, 이는 전형적 헬리콥터 부모처럼 자녀의 삶에 시시콜콜 간섭해야 한다는 말이 아니다. 친구 관계에 건전한 경계를 설정해주라는 뜻이다. 현명한 부모는 대개 어떤 우정을 맺으라고 지시하지 않고 자녀가 일정한 경계 내에서 우정을 선택하고 유지할 수 있도록 지도한다. 우리 집 십대의 삶에서 깊고도 건강한 우정은 공동의 신앙에 기반한 것이다. 우리 아이들이 다른 신앙을 가진 친구나 무신론자 친구를 사귈 수 없다는 뜻이 아니라 가장 가까운 관계일수록 예수님과의 관계를 통해 공통된 세계관을 공유해야 한다는 것이다. 우리는 아이들이 어렸을 때부터 이것을 항상 가르쳤다. 그래서 서로 마음을 내줄 사람들은 세계관이 같아야 함을 그들도 안다. 우리는 자녀에게 완벽한 친구를 찾으라고 하지 않고, 그리스도로 말미암아 가치관을 공유할 수 있는 친구를 찾도록 권했다. 이 경계가 문제없는 우정을 보장하지는 않지만, 문제가 발생할 때 공통분모가 되어준다. 아이들이 우정을 가꾸는 동안 우리도 조용히 막후에서 친구네 부모와 우정을 가꾼다. 두 가정이 재미있는 시간을 계획하기도 하며, 이로써 집안끼리 알고 신뢰를 쌓아간다는 사실을 통해 십대 자녀를 안심시킨다. 실제로 아이들은 다른 친구들보다 그리스도 안의 절친과 함께 있을 때 더 자유롭다.

앞서 말했듯이, 딸들에게 다른 친구들도 물론 있다. 예수님은 그들에게 그분의 제자로서 소금과 빛으로 살라고 명하시는데, 십대 자녀를 다른 신앙이나 신념을 가진 사람들과 떼어놓는다면, 이는 그런 삶을 살라고 하는 명령과 거리가 멀다. 다만 우리 부부는 아이들이 세상으로 나가기 전 아직 집에 사는 동안에 이런 우정 관계를 헤쳐나가도록 돕고 싶다. 이런 관계에도 경계가 있다. 예를 들어, 우리 집 십대들이 가치관이 아주 다른 사람들과 친구로 지낸 적이 있는데, 우리는 이런 우정을 '홈그라운드의 이점'이 있는 장소에서 나누어야 한다는 경계를 세웠다. 우리의 경우, (예수님의 제자와 대비되는) 문화적 기독교인, 동양 종교 배경이 있는 사람, 무신론자 등과의 우정이 대개 이에 해당되었다. 우리는 이런 친구들을 집과 교회에 초대하여, 그들이 사랑과 은혜를 접할 수 있게 했다. 그들의 마음이 예수님의 복음에 열린다면 더 좋다. 십대 자녀에게서 그리스도와의 관계가 깊어지고 성경적 세계관이 공고해진 모습이 보인다면, 여러 특수 요인을 감안하여 예외를 둘 수도 있다. 그래서 이런 우정에 대한 자녀의 말을 열심히 듣고 질문도 한다. 만일 우리 아이들이 해로운 사람과의 우정에서 악영향을 받고 있다면, 우리는 그것을 지적한다. 첫째, 그 관계의 문제점을 파악하도록 돕는다. 둘째, 그 친구와의 경계를 직접 설정하여 자기 마음을 확실히 지키도록 돕는다. 끝으로, 필요하다면 관계를 바르게 끝내도록 돕는다. 우리는 절대 이런 관계를 방임하지 않으며, 계속 자녀에게 이런 수로의 항해법을 가르친다. 힘들지만 가치 있는 일이다.

우리 딸 하나가 십대 초반에 가꾼 우정이 해롭게 변했다. 사실 우리는 딸 친구의 부모를 정말 잘 알았고 가치관도 얼추 서로 비슷했다. 그런데 이 우정에서 쏟아져 나오는 비극이 금세 우리 집의 단골 화제가 되었다. 대화는 종종 분노와 눈물을 거쳐, 십대 딸에게 쓰라린 고통을 유발한 상처에까지 이르렀다. 우리는 계속 상황을 지켜보면서 기도하는 한편, 어렵사리 친구네 부모와도 대화하여 최대한 딸의 상처를 풀어주었다. 결국은 딸에게 지금이 경계를 설정해야 할 때임을 가르쳤다. 한때 절친 수준이던 우정을 이제 다른 범주로 넘겨야 했다. 그래서 함께 보내는 시간을 줄였고, 기분 나쁠 때마다 뿜어내는 친구의 독설을 흘려듣기로 미리 작정했다. 고통스러웠지만 이를 계기로 우리는 딸에게 갈등 관계에 바르게 대처하는 법과 우리 소관 밖인 사람들의 말에서 마음을 지키는 법을 가르치기 시작했다. 치열한 부모는 이럴 때 적극적으로 개입한다. 통제하기 위해서가 아니라 감수성이 아주 예민한 자녀의 마음을 형성하고 지켜주기 위해서다.

우리가 아는 대다수 부모는 십대 자녀의 이성 친구 관계에 대해 은근히 또는 대놓고 당황한다. 그럴 만도 하다. 일반 매체에서 부추기는 이야기 등 대중 인식만 들어보면 십대는 섹스하기 위해 살아가는 존재다. 그러나 호르몬이 날뛰긴 해도 현실 세계의 이야기는 할리우드에서 말하는 것과는 약간 다르다. 부모인 당신이 십대 자녀에게 이성 친구와의 관계 방식을 훈련하는 것이 하나님의 뜻임을 아는가? 이 부분에서 자녀를 돕고 가르치고 이끌어야 할 사람으로 그분은 바로 당신을 세우셨다. 우리는 데이트 분야에도 모든 부모가 설정해야 할 경계선이 있다고 본다. 우선 성숙도가 중요하다. 십대 초반의 자녀에게 남자 친구와 여자 친구 관계를 맺으라고 권장하는 부모들을 보면 기가 막힌다. 일정한 나이가 되었다고 해서 반드시 성숙한 것은 아니지만, 우리의 첫 경계선은 자녀가 만 16세가 되기 전에는 데이트할 수 없다는 것이다. 두 가지 아주 분명한 이유가 있다. 실제로 16세 이전에는 데이트 관계라는 정황에서 온전히 자신의 세계관대로 행동할 만한 역량이 개발되어 있지 못하며, 따라서 우리 문화에서는 자녀를 그런 상황 속에 두어서는 안 된다. 두 번째 이유는 명칭이야 어떻든, 데이트란 결혼을 전제로 하는 것이라고 믿기 때문이다. 실제로 쓸 일도 없는데 불을 붙일 이유가 없지 않은가?

우리는 이것을 한창 실천하는 중이다. 우리의 경계 원칙은 이렇다. 십대 자녀가 '사귀고' 싶다는 대상을 부모가 알고 승인해야 한다. 그 일환으로 우리는 상대를 집으로 초대해서 온 가족이 함께 식사한다. 상대가 그리스도와 어떻게 동행하고 있는지도 부모가 알아야 한다. 예수님과의 관계를 직접 설명해보라고 해서 그 점을 확인할 수 있다. 부모로서 안심되면 데이트를 허락하되 선을 분명히 그어준다. 둘의 행선지를 우리가 알아야 하고, 우리가 제시하는 시간까지 그들이 돌아와야 하며, 원래 계획을 벗어나서는 안 된다. 구식이라고 생각할지도 모르겠지만, 데이트를 떠나기 전에 그들에게 이 관계의 신체적 경계에 대한 우리의 관점도 주지시킨다. 이는 사랑으로 하는 일이며 절대 양보할 수 없다! 이렇게 선을 분명히 그어준 뒤에는 그에 걸맞은 신뢰를 보낸다. 그룹 데이트일 때는 더 자유를 부여한다. 예컨대 여럿이서 스포츠 경기를 보러 가거나 교회 학생부 행사에 참석하는 경우다. 언제 어디로 누구와 함께 가는지를 여전히 우리가 알아야 하지만, 그룹에는 부모의 역할을 보완해주는 감시 기능이 있다.

    그래도 십대의 데이트 관계는 헤쳐나가기 힘들다. 근래에 정말 좋은 친구 부부가 우리 집에 대화하러 들렀는데, 대화는 몇 주간의 상담과 합심 기도로 이어졌다. 그들의 딸이 부모의 승낙 하에 사귀기 시작한 남자 친구는 흠잡을 데 없는 '장래의 사윗감'으로 보였다. 그런데 관계가 지속되면서 아주 작지만 이상하다 싶은 점들이 부모의 눈에 띄었다. 작은 사건이었지만, 그가 여자 친구를 지배하려고 감정을 조종했고, 죄책감을 유발해 더 많은 시간을 함께 보내자고 요구하는 일이 있었다. 딸이 남자 친구 없이 가족이나 친구들과 함께 시간을 보내려 하면, 그는 여자 친구를 과도한 죄책감에 빠뜨렸다. 처음에 이 부모는 청소년 특유의 밀당이려니 생각했다. 그러나 시간이 갈수록 남자 친구의 지배 욕구가 강해져 딸은 우울함에 빠졌다. 다른 친구들과의 관계가 모두 끊겼을 뿐 아니라 부모 형제와의 긴장도 최고조에 달했다. 상황이 악화하자 부모는 현명한 조언을 받아들여, 딸과 남자 친구 사이에 몇 가지 중요한 경계를 설정했다. 그랬더니 이 청소년 커플은 비밀 계정의 문자와 메시지로 소통하기 시작했다. 결국 남자 친구는 상대를 조종하여 18세가 되면 자기 부모 집으로 들어와 동거하자고 설득했다. 딸의 18세 생일까지 몇 달밖에 남지 않은 시점이었다. 경건한 그리스도인 부모는 속상하고 화나고 어찌할 바를 몰라 결국 우리 집 거실에서 울면서 물었다. "이제 어떻게 해야 할까요?" 분명히 그들은 이 분야에서 매사에 제대로 대처했다. 사실 이런 일은 어느 부모에게나 발생할 수 있다. 그 뒤로 그들은 치열한 양육에 돌입했다. 관계를 끝내게 했고, 소통의 경계를 설정했다. 남자아이의 부모를 만나 이런 경계의 심각성을 피력했다. 딸이 유해 관계의 독소에서 헤어나는 동안 부모의 삶은 '지옥'과도 같았다. 결국 딸도 상담 과정을 통해 '어쩌다 이렇게 되었지?'를 자문하여 자신을 돌아보았다. 현재 이 가정은 잘 지내고 있다. 이제 성인이 된 딸은 모든 면에서 건강하고 아름다운 삶을 살아가고 있다. 하나님이 개입하셨고, 신앙 공동체가 딸에게 울타리가 되어주었으며, 부모가 치열하게 양육했다. 우리는 이 부모가 힘든 일도 마다하지 않았기에 여러모로 딸의 삶을 구해냈다고 본다. 삶의 이 부분은 힘들 수 있으나 치열한 자녀 양육은 이성 관계 분야에서도 중요하다.

경계선 4: 교회(안식일 원리)

믿거나 말거나 당신의 십대 자녀도 하나님에 대해 냉담해지는 시절을 통과할 것이다. 이런 순간이 오면 분명 그리스도인 부모는 고통스럽겠지만, 이런 일은 우리 문화에서 흔히 일어난다. 그동안 이런 순간이 왔을 때 부모들이 보인 반응은 다양했다. 많은 부모가 저지르는 큰 실수는 자녀가 십대 나이면 이미 하나님에 대해 스스로 입장을 정할 만하다고 단정하는 것이다. 결국 모든 자녀는 자신이 택한 길로 가겠지만, 그런 사고방식은 성경에 심히 어긋난다. 잠언 22장 6절에 "마땅히 행할 길을 아이에게 가르치라 그리하면 늙어도 그것을 떠나지 아니하리라"고 했고, 에베소서 6장 4절에도 "또 아비들아 너희 자녀를 노엽게 하지 말고 오직 주의 교훈과 훈계로 양육하라"는 말씀이 있다. 성경에서 보듯이, 자녀에게 신앙을 훈련할 일차적 책임은 부모에게 있다. 십대 자녀가 하나님께 저항한다는 이유만으로 우리가 그 역할을 저버려서는 안 된다. 오히려 경계를 분명히 정하라. 오래전부터 우리는 성경의 안식일 원리대로 가정을 이끌기로 헌신했다. 우리가 믿기로 안식일을 지키라는 하나님의 명령은 일주일에 하루를 떼어 신앙 공동체와 더불어 예배하고 성경을 읽을 뿐 아니라 쉬고 놀며 가족과 함께 지내라는 의미다. 이 실천은 여태 우리 집의 참된 기쁨이 되었다. 십대 자녀가 하나님께 저항하며 "교회에 가고 싶지 않아요." "하나님이 싫어요"와 같은 말을 할 때는 안식일 원리가 우리 가정의 경계다(목사 가정에도 이런 시기가 있다). 사실 우리는 자녀에게 모든 것을 하게 하지 않는다. 수요일 밤에 열리는 중고등부 모임에 가게 하지도 않고, 수련회나 기타 교회 활동에 참석하게 하지도 않는다. 단, 주일에 전체 신앙 공동체와 함께 예배드리며 성경 말씀을 듣는 것까지는 최소한의 의무로 정했다. 그리고 주일에 있는 소그룹 모임에는 반드시 참석해야 한다. 아울러 가족과도 함께 지내며 좀 쉬

기도 해야 한다. 그동안 이런 경계를 지킨 결과가 어땠을까?

좋게 표현해서 아주 힘들었던 주일 아침도 여러 번 있었고, 때로는 안식일의 안식이 오히려 안식일의 말다툼처럼 느껴지는 날도 있었다. 솔직히 포기하고 싶을 때도 있었다. 그러나 그 시절을 통과해 새로운 시기에 들어선 십대는 지금 힘써 그리스도를 따르며, 진심에서 우러나 담대히 사람들을 그분께로 인도하고 있다. 당신 가정도 안식일을 실천해보라. 십대 자녀에게도 의무적으로 지키게 하라. 다른 이유에서가 아니라면, 하나님이 우리에게 그분의 방식대로 최고의 삶을 누리게 하시고자 그것을 10대 경계십계명 중 하나로 주셨기 때문에라도 하라.

경계선 5: 일정(팀 플레이어가 돼라)

십대의 일정이 자칫 당신의 삶을 지배할 수 있다. 당신도 알겠지만, 자녀가 여럿이면 그럴 가능성이 기하급수적으로 증가한다. 가정생활의 균형을 부모가 사수해야 한다. 아무도 해주지 않기 때문이다. 결국 일정에도 경계가 필요하다는 뜻이다. 우리는 현재 아주 바쁜 시절을 지나는 중이다. 가족 간의 시간과 활동적인 세 자녀의 일정만도 서로 조화를 이루기가 만만치 않다.

거기에 '목사 가정'에 끝없이 요구되는 일과 우리 교회 바깥의 하나님 나라 사역까지 일부 더해지면 하루 24시간이 모자랄 정도다. 세 자녀가 다니는 학교에서는 숙제와 프로젝트와 시험 준비가 끊이지 않는다. 셋 다 주일에는 교회에 가고 수요일 밤에는 중고등부 모임에 참석한다. 셋 다 스포츠 활동도 한다. 한 학년이 시작되는 8월부터 종료되는 5월까지 우리는 이 모든 와중에서 삶의 균형을 이루려 애쓴다. 여기 몇 가지 분명한 경계가 있다. 현명하게 처음부터 시행한 것도 있지만 더러는 차차 힘들게 배웠다.

우선 일정의 우선순위를 정한다. 성경에서 읽은 대로 1순위는 매주 신앙 공동체로 모이는 시간과 가족끼리 함께 보내는 시간이다. 그래서 우리는 앞서 언급한 안식일 원리대로 안식일을 지킨다. 실제로 몇 가지 굵직한 결정이 거기서 파생된다. 예컨대 모든 클럽 스포츠는 보통 토요일과 주일에 활동하고 대개 원정 경기도 다닌다. 우리 집의 십대들도 클럽에서 활동하거나 스포츠팀을 선택할 기회가 수시로 있었고, 그런 데 입단하면 나중에 대학에서도 활동을 이어가며 장학금까지 받을 가능성이 있다. 그러나 우리는 클럽 활동이나 종목 변경을 하지 않기로 했다. 신앙 공동체의 예배와 주일 오후의 가족 시간이 침해를 받기 때문이다. 다른 부모들은 대부분 우리가 미쳤다고 생각했지만,

우리가 보기에 이것은 하나님을 높이고 매주 균형 잡힌 리듬을 유지하는 데 꼭 필요한 결정이었다. 또 이것은 성경적 세계관이 공동생활의 우선순위에 미치는 영향을 우리 아이들이 이해할 수 있는 절호의 첫 기회이기도 했다. 내 말을 오해하지는 말라. 우리 아이들은 여전히 열심히 운동하며, 우리도 거기에 상당한 가치를 부여한다. 다만 시합이 대부분 주일에 몰려 있지 않고 원정 경기도 없는 리그를 선택할 뿐이다. 자녀가 고등학교에 들어가면 우리는 외부 리그 대신 교내 스포츠를 선택한다. 금요일/토요일 토너먼트를 제외하고는 시합이 늘 주중에 있기 때문이다.

우리가 고수하는 두 번째 경계는 우리의 표현으로 '1-1 원리'다. 과외 활동은 한 사람이 분기별로 하나씩만 할 수 있다. 이것을 우리는 자녀들이 십대 초반일 때 어렵게 배웠다. 기회에 솔깃하여 우리는 딸에게 한 시즌에 응원단 활동과 축구를 병행하게 했다. 다른 두 아이가 각각 배구와 축구를 하고 있던 상황에서 말이다. 그 3개월 시즌은 여러모로 대참사였다. 기회야 좋았지만, 거기에 보조를 맞추느라 온 식구가 죽을 맛이었다. 기회가 아무리 좋아 보여도 각 자녀의 과외 활동을 시즌당 하나로 제한한다는 원리가 우리의 정신 건강에 좋다는 점을 배웠다. 그래서 우리는 십대 자녀들에게 팀 플레이어가 되라고 주문한다.

"너만 있는 게 아니잖아!" 당신도 십대 자녀에게 해본 말일 것이다. 과외 활동에 관한 한 아이들은 각자 하나만 선택하거나 아예 선택하지 말아야 한다. 다른 네 식구에게도 각자의 삶이 있기 때문이다. 여기서 무너지면 대가를 치러야 한다!

경계선 6: 돈(권리 의식을 퇴치하라)

십대의 삶에 찾아오는 모든 기회에는 시간 투자가 필요할 뿐만 아니라 대개 돈이 든다. 그들이 원하는 대로 다 해준다면, 그들은 아주 멋진 일을 하거나 꼭 필요한 것을 산다는 명목하에 당신의 은행 계좌를 금방 거덜 낼 것이다. 부모의 은행 계좌에서 자녀의 과외 활동이나 사교 생활로 계속 돈이 흘러간다면, 그들은 권리 의식에 젖을 것이고 당신은 '땅을 판다고 돈이 나오나?'라는 오랜 격언의 실제 예가 될 것이다.

십대 자녀에게 용돈을 주면 오히려 돈을 절약할 수 있다. 집안일을 돕게 한 뒤 보상으로 용돈을 주라. 우리는 십대 자녀에게 한 달에 40달러씩을 준다. 주머니에 쓸 돈이 약간 생긴 덕분에 그들은 돈의 가치를 배운다. 더 필요한 게 있다고 말하면 우리는 그게 '무엇이든' 대개 이렇게 답한다. "좋아, 벌어서 갚을 거라면." 꼭 필요하지는 않지만 사고 싶은 옷, 보고 싶은 영화, 친구와 함께 카페에서 쓸 돈 등이 그에 해당한다. '추가' 지출을 실제로 할지 말지 결정하는 과정에서 그들은 소중한 교훈을 배운다. 삶에는 돈이 드는데 우리가 가진 돈은 한정되어 있다는 것이다. 이것을 열세 살에 배워두면 열여덟 살에 권리 의식에 젖을 일이 없다.

경계선 7: 첨단 기기(준비시키고 주시하며 조절 능력을 길러주라)

이것은 우리가 자녀를 치열하게 양육해야 할 아주 중요한 영역인데도 종종 논외로 여겨진다. 첨단 기기 세계의 삶에 관한 한 십대는 원주민이다. 가장 좋은 최신 기기를 이해하고 사용하는 데 십대는 단연 전문가라고 말할 수 있다. 그래서 SNS가 소통 채널로 일상화된 지금, 십대 자녀에게 첨단 기기를 악용하지 않고 선용하도록 가르치는 일은 매주 중요하다. 브라이언 하우스먼Brian Housman은 저서 『첨단 기술에 밝은 자녀 양육Tech Savvy Parenting』에서 부모들에게 청소년이나 청년 세대가 어떻게 첨단 기기를 통해 성적으로 자신을 표현하는가에 대한 충격적 통계를 내놓는다. 그 통계는 다음과 같다.

- 젊은 남성 67퍼센트와 젊은 여성 49퍼센트는 포르노 시청이 자신의 성적 취향을 표현하는 데 허용되는 방법이라고 답했다.
- 대학생 남성 64퍼센트와 대학생 여성 18퍼센트는 매주 인터넷 섹스를 위해 온라인에서 시간을 보낸다.
- 대학생 남성 31퍼센트와 대학생 여성 36퍼센트는 자신의 나체나 반나체 사진을 인터넷에 올린 적이 있다.
- 자신의 성적인 사진을 게시한 사람 중 여성 21퍼센트와 남성 30퍼센트는 그런 사진을 자신이 사귀고 싶거나 맺어지고 싶은 사람에게 보낸 적이 있다.[2]

이것은 첨단 기기의 무난하고 건강한 사용과 관련하여 이미 가정에서 형성된 철학과 습관의 결과다. 부모인 우리가 십대 자녀에게 건전한 경계를 설정해주면, 이런 통계 수치가 달라질 수 있다. 특히 십대 시절에는 모든 컴퓨터와 개인 기기에 감시 소프트웨어가 설치되어 있어야 하며, 모든 계정에 부적절한 게시물 접근 금지 설정이 돼 있어야 한다. 그런 설정을 할 때 첨단 기기의 올바른 사용의 중요성에 대해 십대 자녀와 직접 대화하라.

---

2   Brian Housman, *Tech Savvy Parenting* (Nashville, TN: Randall House, 2014), 127.

위의 통계를 보여주면서 각 주제에 관해 깊이 대화해보라고 권하고 싶다.

첨단 기기 분야에서 십대 자녀를 준비시키고 올바른 사용 능력을 길러주는 게 중요하다. 어차피 평생 첨단 기기와 더불어 살 그들이다. 접근을 차단하는 소프트웨어는 가정에 실제로 문제가 발생했을 때만 효과적이다. 그보다는 감시 소프트웨어가 더 유용하다. 이를 통해 십대 자녀가 부모의 감시하에 인터넷을 정직하고 올바르게 사용하는 법을 배우기 때문이다. 매주 우리는 각 계정과 기기에 대한 데이터를 받아본다. 계정이나 기기별 온라인 접속 시간의 양, 하루 중 사용 시간대, 방문한 잠재적 유해 사이트의 요약본 등이 거기에 표시된다. 부모인 우리의 기기에도 다 감시 소프트웨어가 설치되어 있다. 이로써 첨단 기기 영역의 감시가 평생 중요하다는 사실을 십대 자녀에게 보여줄 수 있다. 치열한 부모는 시간을 내서 매주 감시 데이터를 읽고 의문점이 있으면 십대 자녀와 대화한다. 첨단 기기에 접속하는 특권에는 감시받으려는 책임감이 뒤따라야 한다고 본다. 감시가 없이는 전화기나 아이패드나 노트북, 컴퓨터를 쓸 수 없다.

우리는 나이에도 경계선을 둔다. 역시 우리를 미쳤다고 보는 다른 부모가 많다. 자녀가 중학교 2학년에 올라갈 때까지 우리는 휴대 전화를 사주지 않았기 때문이다. 사주더라도 한동안 전화기의 인터넷 기능을 제한했다. 자유의 수위가 높아진 만큼 자녀가 첨단 기기에 대한 책임감을 배우는 기간을 두었다. 이유는 단순하다. 인터넷에 접속할 수 있는 휴대 전화를 초등학교 고학년이나 중학교 저학년 때부터 주면 자녀가 실패할 수밖에 없다. 전화기가 없으면 불편할 수 있으나 두 가지 요소를 고려할 만하다. 첫째, 자녀 주위의 모든 사람에게 휴대 전화가 있다. 그러니 농구 시합을 마치고 학교로 복귀할 시간이 예정보다 30분 늦어지면, 자녀는 코치나 교사나 친구에게 부탁하여 전화기를 쓸 수 있다. 둘째, 약간의 불편을 감수하고라도 첨단 기기의 바람직한 사용법을 충분히 숙지시킨 뒤에 자녀의 성숙도에 따라 차차 풀어주는 게 좋다.

　이렇듯 경계는 치열한 자녀 양육에 확실히 중요하다. 우리는 십대 자녀를 감옥에 가두려고 이런 제한을 두는 게 아니라 그들의 정서적, 영적, 신체적 건강을 위해 선을 그어주는 것이다. 그렇게 두루 건강해야 충분히 자격을 갖춘 상태에서 특권과 자유를 누릴 수 있다. 이런 선을 넘지 않으면 사춘기 자녀를 기르는 정신없는 시기에 충돌과 혼란이 최소한에 그칠 수 있다.

6장.
상처 주는 말이 아닌
힘이 되는 말을 하라

말은 중요하다. 사도 야고보는 혀의 위력을 이렇게 묘사했다. "또 배를 보라 그렇게 크고 광풍에 밀려가는 것들을 지극히 작은 키로써 사공의 뜻대로 운행하나니 이와 같이 혀도 작은 지체로되 큰 것을 자랑하도다_{약 3:4-5}." 인간의 혀는 위력적이어서 혀에서 나오는 말이 생명을 살리기도 하고 해치기도 한다. 자녀를 기를 때 혀의 위력은 더욱 막강해진다. 부모가 십대 자녀의 삶에 특별한 수준의 영향력을 미치도록 하나님이 계획하셨기 때문이다. 부모가 자녀의 삶에 말로 개입하는 것도 그분의 뜻이며, 그래서 부모의 말은 다른 누구의 말보다도 중요하다. 말의 위력은 그리스도의 영광과 자녀의 건강을 위해 덕을 세울 수도 있고, 십대의 영혼을 완전히 말라비틀어지게 할 수도 있다. 지난 세월 당신이 부모에게서 들었던 말을 떠올려보라. 감사가 우러나는가, 아니면 고통에 눈시울이 젖는가? 우리의 말도 자녀에게 똑같이 중요하다.

모든 말은 위력이 있다. 그렇다면 말이 마땅히 이루어야 하는 결과는 무엇일까? 예컨대 아빠가 딸을 진심으로 칭찬해주면 딸의 자신감이 높아지며, 엄마의 자상하고 지혜로운 말은 삶의 갈림길에서 확실한 지침이 된다. 부모의 말 이면의 일관된 '마음'은 시간이 가면서 십대를 격려하고 세워주어, 부모와 자녀의 관계가 깊어질 수도 있고, 반대로 서서히 관계가 단절되어 부모가 영향력을 발휘하지 못하게 되거나 아예 악영향을 끼치게 될 수도 있다. 그동안 십대 자녀를 키우면서 우리 말에 자녀를 유익하게 하고 하나님을 영화롭게 하는 위력이 있음을 보았다. 그런가 하면 말로 어이없는 과오를 범하기도 했다. 이 모두를 통해 우리는 지금도 배우는 중이다. 읽으면서 당신이 잊지 말아야 할 점이 있다. 완벽한 부모란 없다는 것이다.

부모가 자녀에게 해줄 수 있는 최고의 말은 예수님의 마음을 닮은 말이다. 자기 피조물을 향한 그분의 마음은 상황과 무관하게 한결같다. 잠시 십대 자녀에게서 한 걸음 물러나 생각해보라. 창세기 1장 말씀대로 당신의 자녀는 하나님의 형상대로 지어졌다. 그 아이를 지으실 때 그분은 그 아이의 인생이 어떻게 전개될지를 훤히 아셨고, 그가 죄인인 것도 아셨다. 부모부터가 죄인이니 말이다. 요한복음 3장 16절에 보면, 하나님은 (당신의 십대 자녀를 포함한) 세상 사람들을 지극히 사랑하여 독생자를 세상에 보내셨고, 독생자 예수님은 자신을 구주와 주님으로 고백할 모든 사람의 죗값을 치르고자 죽으셨다. 하나님은 신자를 '자녀', '아들', '딸' 같은 단어로 칭하신다. 이런 단어를 생각하면서 우리는 이렇게 자문해야 한다. '하나님은 내 아이를 어떻게 보실까?' 그분은 아이를 적어도 그분의 형상대로 지어진 자기 피조물로 보신다. 그분의 아들을 보내 죄의 형벌에서 구원하실 만큼 소중히 여기고 사랑하신다. 진정 자녀가 입으로 예수님을 주로 시인하며 또 하나님이 그분을 죽은 자 가운데서 살리신 것을 마음에 믿는다면, 성경은 그가 구원받았다고 선언한다. 하나님이 그를 자기 소유라고 칭하신다. 최고의 날에든 지독한 좌절의 순간에든 이런 시각을 잃지 않으면 우리의 말도 달라지기 마련이다.

힘이 되는 말은 자녀를 세워준다

덕이 되는 말은 본질상 자녀를 세워준다. 가장 잘 세워주는 말은 내용이 진실하며 행위에만 기초하지 않는다. 십대에게 필요한 부모의 격려는 '행위'보다 '존재'에 대한 격려다. 그래서 자녀의 성품과 인성을 세워주는 말이 매우 중요하다. 그러려면 하나님이 그분의 목적에 따라 각 자녀를 어떻게 빚으셨는지를 살펴야 한다. 홈런을 칠 때만 격려의 말을 듣는 십대는 운동을 잘해야 부모에게 사랑받을 수 있다고 생각할 것이다. 그러다 야구를 그만두면 어찌할 것인가? 타인을 향한 자녀의 긍휼함이나 정직한 성품이나 유머 감각을 격려해주라. 그러면 하나님이 그분의 목적에 따라 자녀 안에 심어두신 씨앗이 무럭무럭 자라난다. 이렇게 당신은 자녀의 '존재'를 세워준다.

아이들이 어렸을 때 아내는 '내가 사랑하는 너의 열 가지'라는 전통을 만들었다. 하루 중 아무 때나 아이를 하나씩 세워놓고 눈을 들여다보며 그 아이만의 사랑스러운 점 열 가지를 열거하는 것이다. 매번 다른 열 가지 목록을 찾아내는 데 족히 몇 년은 걸렸을 것 같아서 나로서는 늘 감탄할 뿐이다. 게다가 아이마다 내용이 다 다르다. 아내가 해주는 말은 이런 것이다.

    — 네 미소에 집 안이 다 환해진다.
    — 혼자 있을 때면 너는 자신과 하나님만을 위해 목청껏 그분을 찬양한다.

— 네 보조개를 보면 친정아버지가 생각나 절로 미소 짓게 된다.

— 너는 아무도 소외되기를 원하지 않는다.

— 불의를 보면 정의를 위해 싸우는 게 네 기질이다.

— 잘못한 일이 있으면 너는 늘 사과하며 용서를 구한다.

— 너는 진심으로 사람들을 사랑한다.

— 너는 늘 새로운 일을 경험하고 싶어 한다.

— 너는 정직하다.

— 한번 약속했으면 너는 꼭 지킨다.

머잖아 아이들도 자기네가 사랑하는 우리의 열 가지 부분을 말하기 시작한다. 돌아보면 이 단순한 연습이 선제 조치처럼 그들의 삶을 꾸준히 세워주었고, 그들에게 다른 사람들을 격려하는 법도 가르쳐주었다.

몇 년 전 핼러윈 저녁에 아이들을 데리고 교회 가을 축제에 갔을 때였다. 돌아다니다 보니 우리의 어린 딸이 모두에게 자기가 좋아하는 각 사람만의 장점을 말해주고 있었다. 게임 코너마다 가서 게임하고 사탕까지 타낸 뒤, 게임을 운영하는 봉사자에게 일일이 그렇게 칭찬을 건넨 것이다. 그날 밤 딸은 만나는 모든 사람을 축복하기로 작정한 듯 보였고 실제로 축복했다! 아이들이 십대가 된 후로도 우리는 이 전통을 지속하여, 그들을 무너뜨리기 일쑤인 어지러운 세상에서 힘써 그들을 꾸준히 세워 준다. 재미있는 점은 그들이 우리에게서 '내가 사랑하는 너의 열 가지'를 듣기 싫어할 때가 없었다는 것이다. 감사하게도 그들은 말로 사람들을 사랑하는 법도 배우고 있었다.

(1) **십대는 부모가 "너를 사랑한다"와 같은 간단한 문구를 말로 표현하는 것을 들어야 한다.** 매일 여러 번씩 들어야 한다. 최고의 날에도 들어야 하고 최악의 날에도 들어야 한다. 당신이 자녀에게 노발대발하여 벽에 주먹이라도 휘두르고 싶거나 유리가 깨질 정도로 고함을 지르고 싶을 때라도, 그들은 그 말을 꼭 들어야 한다. 또 자주 들어야 한다. 일부 아빠는 이렇게 하는 게 몹시 힘들 수 있다. '꼭 말을 해야 아나?'라는 생각이 들 수도 있다. 그러나 당신의 진실한 마음을 말로 표현하라. 당신이 자녀를 '부양하는' 것은 그들에게 미처 사랑으로 느껴지지 않을 수 있다. 어떤 아이는 듣기 전에는 믿지 못한다. 이 부분에서도 우리는 신명기 6장의 틀을 따른다. 원래 영성 형성에 대한 본문이지만 그 틀이 여기에도 잘 통한다. 집에 앉아 있을 때든지 길을 갈 때든지 누워 있을 때든지 일어날 때든지 자녀에게 사랑한다고 말하라. 여러 해째 우리는 아이들과 함께 있을 때마다 뜬금없이 묻는다. "비밀 하나 알려줄까?" 그들은 늘 "네!"라고 말하고 우리는 늘 "너를 사랑한단다"라고 답한다. "비밀도 아니네요"라는

말이 나오면 그들이 마침내 간파한 것이다. 등교할 때 아이들은 포옹과 키스를 받으면서 어김없이 "사랑해"라는 말을 또 듣는다. 밤에 잠자리에 들 때도 어김없이 똑같은 말을 듣는다.

 우리도 부모로서 힘든 날이 있고, 아이들이 십대에 들어선 뒤로는 특히 더하다. 그렇다고 이것이 그들에게 불명예가 될 말은 아니다. 우리는 딸을 셋 다 사랑한다. 다만 그들도 죄인이고, 특히 십대로서 상처가 절절하다 보니 고통과 불화를 유발할 수 있다. 유독 극한의 고통을 느끼는 날이 있다. 우리 집 십대들이 '자녀로서 범해서는 안 될 10대 중죄'를 하나라도 범한 것은 아니다. 다만 한동안 하나님과 교회를 정말 미워했고, 그것이 부모를 향한 미움과 무례로 이어졌다. 날마다 숨 막힐 듯한 긴장이 고조되었다. 밤낮없이 우리는 정서적 롤러코스터를 타며 분노의 극점으로 치달았다가 절망의 나락으로 떨어졌다. 왜 이런 사태가 벌어졌는지 그 이유를 알 만했다. 교회는 특히 목회자 자녀에게는 잔인한 곳일 수 있는데, 우리가 부임한 초기에 유난히 잔인한 교인 몇 명이 있어 우리 아이들도 못 볼 꼴을 보았다. 당시 십대 딸 하나는 "저는 하나님이 밉고 교회도 미워요. 아빠가 목사니까 아빠도 미워요"라는 반응을 보였다. 이런 위태로운 순간에 우리는 그저 "네가 말이나 감정으로 아무리 나를 매정하게 대해도 나는 너를 사랑해. 사랑한다"라고 덧붙이곤 했다. 밤에 아이 방에 들어가 잘 자라고 말할 때면 우리를 반가워하지 않는 기색이 역력했다. 그래도 우리는 기도하며 "어쨌든 너를 사랑한다"라고 말했다. 실제로 사랑하니까 말이다. 자녀의 어떤 말이나 행동도 우리의 사랑을 막을 수는 없다. 이 짤막한 한마디가 괴롭던 그 시절에 우리에게 힘이 되었다. 십대 딸도 마침내 울음을 터뜨리며 회개하고 용서를 구하던 밤에 똑같이 말했다. "어쨌든 저도 아빠를 사랑해요." 이것이 힘이 되는 말이다. 어떤 상황에서든 "너를 사랑한다"라는 말을 자주 해주라.

(2) 십대는 부모에게서 하나님이 설계하신 자신의 독특한 잠재력을 인정해주는 말을 들어야 한다. 모든 부모의 고유한 특권 중 하나는 하나님이 자녀에게 주신 독특한 '성향'을 식별하는 것이다. 그런 성향은 특히 십대 때 표출된다. 성경에 따르면 당신의 십대 자녀는 하나님께 지음을 받을 때 독특한 성격, 은사, 재능, 열정을 받았으며, 이를 토대로 세상에서 그분의 영광을 위해 자신을 향한 그분의 계획대로 살아갈 수 있다. 그것을 우리는 자녀의 독특한 '성향'이라 칭한다. 잠언 22장 6절에 보면 "마땅히 행할 길을 아이에게 가르치라 그리하면 늙어도 그것을 떠나지 아니하리라"고 했는데, 원어로는 자녀를 각자의 독특한 성향대로 가르치라는 뜻이다. 하나님께 우리 자녀를 향한 계획과 목적이 있으며, 그 모든 것이 십대 때부터 표출된다. 생각만 해도 가슴 설레

는 일이다. 자녀의 성향을 식별해서 적절히 끌어내주고 말로 세워주는 것은 정말 신성한 일이다. 여기서 부모의 영향력이 위력을 발한다. 십대 자녀를 하나님의 계획대로 살아가도록 격려해주려면 그분의 지혜가 필요하다. 이것은 당신이 성령의 인도를 받아 수행해야 할 부모의 특권이다.

당신의 자녀에게는 긍휼, 리더십, 섬기는 마음 등 어려서부터 눈에 띄는 면이 있을 것이다. 이런 자질을 우리는 아주 일찍부터 말로 인정하고 격려해주며, 십대가 되면 적절한 장에서 그런 '성향'을 실천해보도록 도와준다. 또 각자의 성향에 잘 맞는 직업 분야(더 좋은 표현이 떠오르지 않는다)에 대해서도 십대 자녀와 진지한 대화를 나눈다. 그러면서 말로 격려해준다. 우리 딸 하나는 주변에서 일어나는 불의에 관심이 깊다. 아주 어렸을 때부터 눈에 띈 부분이다. 딸은 말과 글로 소통을 잘하고, 리더십이 있으며, 여성에 대한 불의를 바로잡으려는 열정도 있다. 그래서 그동안 우리는 이런 말로 딸을 격려해주었다. "하나님이 네 안에 그런 정의감을 주신 데는 목적이 있단다." "하나님이 네게 소통 능력을 은사로 주신 것은 네 삶으로 아마도 정의와 관련된 메시지를 전하라는 뜻일 거야." "너는 하나님께 받은 능력으로 사람들을 이끌고 영향을 미칠 수 있어. 주위를 둘러봐. 사람들이 너를 따르잖아. 그들에게 어디로 가서 무엇을 해야 할지를 보여주라고 그분이 네게 리더십의 은사를 주셨을 거야." 최근에 중동에 갔을 때 우리는 딸의 마음에서 난민 여성을 위해 정의를 실현하려는 열정의 불꽃을 보았다. 딸은 하나님의 영광을 위해 그분의 계획대로 살아가는 쪽으로 한 걸음 더 다가선 것이다. 그 경험 이후에 우리는 진심으로 이렇게 말해주었다. "하나님이 네게 이 경험을 허락하신 데는 정의를 향한 그리고 극도의 불의 속에서 살아가는 여성을 향한 그분의 열정을 보여주시려는 목적도 있을 거야." 이것은 딸을 향한 하나님의 독특한 계획을 인정해주는 진실한 말이자 힘이 되는 말이다. 올해 딸은 대학에 입학 원서를 낸다. 구체적으로 딸은 형사사법을 공부하려 한다. 뒷일은 차차 두고 봐야겠지만 현재 우리는 진실한 말, 힘이 되는 말로 딸이 하나님의 계획대로 살아가도록 격려해주고 있다.

또 다른 십대 딸은 가르치는 은사와 노래하는 은사가 있다. 이 두 가지를 즐기는 타고난 기질이 세 살 무렵부터 확연히 보였다. 딸의 성향을 격려해주는 일은 우리에게도 늘 복이다. 방에 칠판과 구식 프로젝터 같은 교육 도구를 놓아주면, 딸은 재미로 동생을 가르치곤 했다. 집과 교회와 학교에서 딸의 노래를 듣고 격려해줄 기회도 늘 있었다. 연습할 때나 실제로 부를 때나 딸의 노랫소리는 의연하고 기품이 있다. 우리는 교육과 성악에 대한 딸의 열정을 늘 인정해준다. 인정해주는 부모의 말을 통해 딸은 하나님이 자신을 어떻게 설계하셨는지를 확인한다. 자녀에게 진실하게 말하면 도움이 된다.

(3) 십대는 부모에게서 축복의 말을 들어야 한다. 자녀는 부모의 축복을 받으며 살도록 지어졌기 때문이다. 우리는 말로 자녀를 축복할 수 있다. 작은 축복일 수도 있고 더 크고 중요한 축복일 수도 있다. 축복의 말은 힘이 된다. 거의 매일 밤 우리는 자녀에게 축복 기도를 해준다. 성경에 축복의 말이 수없이 나오지만, 우리가 제일 좋아하는 것은 민수기 6장 24-26절에 나오는 아론의 축복이다. "여호와는 네게 복을 주시고 너를 지키시기를 원하며 여호와는 그의 얼굴을 네게 비추사 은혜 베푸시기를 원하며 여호와는 그 얼굴을 네게로 향하여 드사 평강 주시기를 원하노라." 평소 자녀와 함께 그리고 자녀를 위해 드리는 우리의 기도에 그런 축복이 빠지지 않는다. 이 축도가 특별한 이유는 하나님이 친히 주신 말씀이기 때문이다. 우리도 그 말씀을 따라 하여 자녀를 그분께 구별하여 드린다.

매일 성경 말씀으로 축복하는 것 외에도 우리가 말로 자녀를 축복하는 특별한 방식이 있다. 명절과 생일에 십대 자녀에게 부모의 축복을 직접 써주는 것이다. 우리 세 딸은 각기 축복 일기가 있다. 말 그대로 그들이 어렸을 때 우리가 사준 간단한 공책인데, 평생 지닐 수 있도록 거기에 축복의 말을 써준다. 생일과 크리스마스에 축복의 말을 써서 지정된 시간에 함께 축하하는 모든 사람이 들을 수 있도록 낭독한다. 이런 말에는 특별한 위력이 있어 대개 웃음을 자아내고 얼굴이 붉어지게 하며 때로는 눈물짓게 한다. 매번 자녀를 인정해주는 부모의 마음이 온 가족과 때로 가까운 친구들까지 모인 자리에서 십대에게 새겨진다. 무슨 마법이 있는 것은 아니다. 다만 의지를 들여 부모의 마음을 솔직하게 내보이고, 각 자녀를 향한 감정과 희망을 말로 표현할 뿐이다. 이것이 잘 받아들여지는 이유는 알게 모르게 그들이 우리의 축복을 원하기 때문이다.

당신의 십대 자녀가 집을 떠날 날이 온다. 대학에 진학하든 군에 입대하든 곧장 생활 전선에 뛰어들든 변화가 찾아온다. 떠나기 전에 부모가 특별한 순간을 마련해 자녀를 축복하며 삶 속으로 내보낼 수 있다. 우리도 세 딸의 그 순간을 고대한다. 떠나는 게 좋아서가 아니라 떠날 때 우리의 축복을 확실히 알려주고 싶어서다. 각 자녀를 어떤 내용으로 축복할지는 아직 모르지만, 각자를 향한 하나님의 계획에 맞게 독특하리라는 점만은 분명하다. 우리 존재의 가장 깊은 데서 나오는 사랑과 희망과 기도가 담겨 있기에 그 말은 분명히 위력이 있을 것이다. 아마도 가족과 친구들이 모인 자리에서 축복의 말을 읽어주면서, 우리는 닥쳐온 변화로 인해 슬픔의 눈물도 흘리겠지만 또한 자녀를 향한 하나님의 계획을 소망 중에 내다볼 것이다. 이 또한 힘이 되는 말이다. 18세 자녀가 훗날 45세가 되어 삶의 의미와 목적을 점검해볼 그때를 상상해보라. 분명히 부모가 써준 축복의 말을 들춰볼 것이다. 삶이 아름다울 때든 비참할 때든 그것을 읽고 또 읽을 것이다. 어느 경우든 그들은 우리의 축복을 알 것이다. 친필로 남긴 부모의 축복을 읽을 수 있을 테니 말이다. 내가 여기에 역점을 두는 이유는 부모에게 축복받은 기억이 없어 상처가 깊어진 수많은 성인을 목사로서 상담하기 때문이다. 축복의 말은 힘이 되는 말이다. 평생 자녀를 세워줄 뿐 아니라 그 영향이 대대로 이어질 수도 있다.

상처를 주는 말은 자녀를 무너뜨린다

십대를 양육하다 보면 위력은 똑같은데 지독히 해로운 말도 있다. 이런 말은 여러모로 자녀를 무너뜨린다. 관계를 단절시키고, 부모의 영향력을 떨어뜨리며, 자녀에게 분노와 고립감을 주고, 심지어 트라우마를 남기기까지 한다. 십대 자녀의 부모는 이런 말을 쓸 상황이 어느 때보다 많으며, 이런 말을 하지 않으려면 치열한 노력을 기울여야 한다. 우리도 그런 말로 자녀에게 상처를 준 적이 많으며, 우리가 아는 부모들도 같은 잘못을 범했다고 고백했다. 이런 말이 버릇처럼 입에 붙으면 십대 자녀를 밀어내게 된다. 그들의 마음을 추적하는 것과는 정반대의 일을 하는 셈이다.

십대를 훈육할 때 '너는'으로 시작하는 인신공격은 심한 굴욕감을 준다. 잔뜩 흥분한 상태에서는 누구라도 이런 말이 나오기 쉬우므로, 이런 말을 해서는 안 된다고 자꾸 상기해야 한다. 예를 들면 이렇다. 당신의 십대 자녀가 또 늦게 들어온다. 밤 11시까지 집에 와야 하는데 15분이 지나서야 주차하는 소리가 들린다. 차 문이 닫히고 발소리가 문 쪽으로 가까워지면 당신은 욱하고 화가 치민다. 자녀의 행동이 부모에 대한 불손과 무례로 느껴져서다. 자녀가 문을 열고 들어오자마자 사과하는데도 당신은 30초도 안 되어 말을 끊는다. "내가 원하는 건 사과가 아니라 네가 정시에 들어오는 거야. 너는 우리가 정한 규칙 따위는 안중에 없지. 엄마 아빠를 존중하지 않으니까 말도 안 듣는 거고. 우리가 너한테 얼마나 많은 걸 해줬는데! 차 열쇠 내놓고 가서 자!" 당신도 이런 식으로 말한 적이 있는가?

언뜻 대수롭지 않아 보일 수 있지만, 문제가 있다. 그런 말이 자녀에게 어떻게 들릴지를 생각해보라. "너는 제멋대로야." "너는 부모를 존중하지 않아"와 같은 말은 해당 주제에 대한 훈육이 아니라 인신공격이다. 그토록 공들여 추적해온 자녀의 마음을 오히려 저격하는 말이다. 자녀에게 이 말은 인신공격으로 느껴질 뿐 아니라 귓전에 속삭이는 원수사탄의 이런 거짓말을 믿을 빌미가 된다. "네 부모는 너를 정말로 사랑하는 게 아니야." 약간 늦은 게 맞고, 귀가 시간을 또다시 어길 수도 있지만, 실제로 당신의 십대 자녀는 규칙을 중시하고 당신을 존중하고 있을 것이다. 훈육은 필요하지만, 인신공격은 필요 없다. 차 열쇠를 압수하고 다시 늦지 말라고 말한 뒤 포옹하면서 무사히 돌아와 다행이라고 말해주라. 치열한 부모는 자녀를 훈육하는 상황에서 '너는'으로 시작되는 인신공격을 삼간다.

물론 성품의 문제를 꼭 지적해야 할 때도 있다. 예컨대 십대 자녀가 거짓말을 일삼을 수 있다. 당신의 아들이 말로는 극장에서 풋볼 친구를 만나 허락된 영화를 본다고 해놓고, 사실은 여자를 만나 금지된 영화를 보았다고 하자. 마침 SNS에 극장에 있는 자기 모습을 올려 이런 사실이 들통났다. 아들이 집에 들어올 때 당신은 일단 "친구랑 같이 본 영화는 어땠니?"라고 묻는다. 아들은 "좋았어요!"라며 (예고편에서 본) 허락된 영화의 재미있는 부분을 말해주기까지 한다. 끝까지 당신을 속이려는 것이다. 거짓말은 정말 성품의 문제다. 그래서 당신이 이렇게 되받는다 하자. "너는 거짓말쟁이야! 휴대폰이랑 차 열쇠 내놓고 가서 자!" 아들이 거짓말한 것은 사실이므로 신속한 조치가 필요하다. 그러나 이 가상의 사례에서 당신의 첫마디는 자녀의 성품을 형성할 기회를 짓밟는 인신공격이다. 치열한 부모는 반드시 훈육하되 성품을 형성해주는 대화로 하며, 대화의 최종 결과는 마음의 변화다. '너는'으로 시작되는 인신공격을 삼가라.

'항상'과 '절대로' 같은 독단적 표현은 상처를 줄 수 있고, 그러면 당신이 십대 자녀의 마음을 추적하는 데 제동이 걸린다. 우리도 이 덫에 빠진 적이 한두 번이 아니다. "너는 절대로 듣지 않아." "너는 네 뜻대로 안 되면 항상 신경질을 부리지"와 같은 말을 내뱉은 기억이 있다. 지적하는 순간에는 그렇게 느껴졌을지 몰라도 이런 말은 사실이 아니다. 어떻게 사실일 수 있겠는가? 우리 집 아이가 '절대로' 듣지 않는다는 말은 사실과 거리가 멀고, 일이 틀어질 때 '항상' 신경질을 부린다는 말도 거짓이다. 그런 경우가 있긴 하지만 '항상'이나 '절대로'의 범주에는 근접하지도 않는다. 이런 독단적 표현은 인신공격이므로 각종 역효과를 낳는다. 십대 자녀를 축복하기는커녕 거의 저주하는 것과 같다. 우리가 그럴수록 아이는 자신을 보호하려고 마음의 벽을 쌓고 거리를 둔다. 자녀를 치열하게 양육하려면 말을 지혜롭게 해야 한다. 십대를 상대하다 보면 속상해서 논쟁을 벌이기 쉽다.

그런 순간에도 치열하되, 필요하다면 일단 그 자리를 벗어나라. 벽을 쌓고 영혼을 무너뜨리는 독단적 표현을 하지 않기 위해 그렇게라도 하는 편이 좋다.

그보다 더 해로운 말도 있는데, 우리는 이것을 그냥 모욕적 언사라고 부른다. 이런 말은 뻔히 십대 자녀를 무너뜨리려는 의도로 하는 말이다. 이런 말이 주는 상처는 깊숙이 박히기 때문에 성령의 치유가 없이는 대부분 사람이 평생 그 상처를 안고 살아가야 한다. 나도 독설로 십대 딸에게 상처를 준 적이 있다. 나는 우리 아이들이 엄마에게 무례하게 대하면 몹시 화가 난다. 아내는 세 딸에게 참 자상하다. 모든 면에서 그들에게 자기 삶을 내준다. 그런 엄마를 무례하게 대하는 일은 참을 수 없다. 그날도 잔뜩 속상한 나는 아내를 위해 흥분해서 지적하다가 십대 딸에게 "그건 멍청한 바보짓이야!"라고 외쳤다. 딸은 그 말을 "너는 멍청한 바보야!"로 들었다. 나는 그런 뜻으로 말하지 않았지만, 딸에게는 별 차이가 없었다. 딸은 내가 자신을 멍청이라고 생각한다고 믿었다. 나는 그렇게 생각하지 않았지만, 딸이 느끼기에는 그랬다. 그날 밤, 독설로 세워진 벽을 허무는 데는 많은 시간과 하나님의 은혜가 필요했다. 그 상처를 치유하는 데도 많은 시간과 은혜가 필요했다. 나는 한순간 속상한 마음을 표현하려다 십대 딸과 나 사이를 멀어지게 했다. 여태 내가 딸의 삶에 쏟아부은 모든 노력과는 반대로 말이다.

    이렇게 상처를 주는 말은 기독교 가정에서조차 쉽게 나온다. 나는 부모들에게서 십대 자녀에게 "바보 같으니라고!" "이 멍상아!" "너만 없으면 훨씬 쉽게 살 수 있었을 텐데"와 같은 말을 했다는 고백을 자주 듣는다. 대개 부모들은 진심으로 하는 말이 아니지만, 홧김에 하는 말도 진심일 때만큼이나 해롭기는 마찬가지다. 십대 자녀를 대할 때 모욕적 언사를 삼가라. 반드시 상처를 주고 벽을 쌓게 된다.

    비교하는 말도 역효과를 낸다. 십대 자녀를 형제자매나 친구, 심지어 부모 자신과 비교하면 자녀에게 상처를 주게 된다. "네 언니는 절대로 그러지 않아." "어째서 너는 형처럼 못하니?"와 같은 비교는 적개심을 유발하고 벽을 쌓게 만들기 쉽다. 또 이를 틈타 원수사탄가 십대 자녀의 생각 속에 이런 거짓말을 속삭일 수 있다. "네 부모는 너보다 형을 더 사랑해. 너는 찬밥 신세야." 십대 자녀를 십대 때의 부모와 비교하는 것도 해롭다. 엄격히 말하면 비교할 수 없는 사안이다. 우리는 서로 다른 사람이며 살아가는 시대도 다르고 원가족도 다르다. 언젠가 아내가 가족을 대하는 딸아이의 모습에 기겁했던 적이 있다. 아내가 갈등을 중재하고 있었는데, 딸아이는 그 상황이 마치 아내의 잘못인 것처럼 부정적인 감정을 아내에게 쏟아냈다. 그러자 아내는 "나라면 가족 중 누구에게도 그렇게 말하지 않았을 거야"라고 말했다. 사실이지만 공평하거나 유익한 비교는 아니었다. 아내와 딸은 서로 다르게 지어졌다. 아내가 감정을 속으로 삭이는 유형이라면, 딸은 감정을 겉으로 표현하는 쪽이다. 십대 딸을 십대 때의 엄마 자신과 비교한 것은 불난 데 부채질한 꼴이었다. 딸이 엄마를 닮고 싶지 않아서가 아니라 엄마의 기준에 부응할 수 없다고 생각했을 것이기 때문이다. 이렇듯 비교하는 말은 벽을 쌓아 올리고, 십대 자녀의 마음을 간절히 추적하려는 당신을 곁길로 빠뜨린다.

이미 잘못했다면 어떻게 해야 할까?

이번 장을 읽으면서 당신도 우리만큼이나 겸허해졌을 것이다. 돌아보면 가슴 아픈 순간들이 떠오를 것이고, 십대 자녀에게 했던 말 중에 되돌리고 싶은 말도 있을 것이다. 벽을 허물고 관계를 회복하는 과정이 실제로 성경에 나와 있다. 우선 상처를 준 당신의 말이 자녀에게 지은 죄임을 인정하라. 죄로 인식해야 그런 말에 제대로 대처할 수 있다. 하나님은 우리에게 완벽한 부모가 되라고 하신 적이 없고, 십대 자녀도 우리가 완벽한 부모이기를 바라지는 않는다. 그러나 우리가 복음의 사람이라면 남에게 죄지었을 때 어떻게 해야 할지를 안다. 겸손히 기도하라. 말로 지은 당신의 죄를 하나님 앞에서 회개하라. 그 후에 십대 자녀에게 가서 차분히 마주 보며 이렇게 말하라. "네가 항상 신경질을 부린다며 너도 형처럼 되어야 한다고 한 내 말은 틀렸다. 내가 사실이 아닌 말로 너를 비난했어. 너한테 죄를 지었다. 정말 미안한 내 마음을 네가 알았으면 좋겠구나. 나는 네가 항상 신경질을 부리는 게 아니라는 것도 알고, 하나님이 너를 형처럼 짓지 않으셨다는 것도 알아. 네가 형처럼 되기를 바라지도 않고. 그런 말로 네게 상처를 준 나를 용서해줄 수 있겠니?" 자녀에게 당신이 하나님 앞에서 이미 회개했고, 지금 자녀에게 용서를 구하는 것이라고 말해주라. 은혜를 구하라.

    이렇게 회개하고 복음에 합당하게 은혜로 교류하면 그것이 십대 자녀의 마음에 가닿는다. 당신이 겸손히 회개하는 그 순간이 사실은 가르침의 순간이다. 당신의 모습을 보고 자녀는 자신이 죄지은 대상과의 관계를 제대로 회복하는 법을 배우게 되는 것이다. 또 자녀 쪽에서 부모에게 죄지었을 때 부모를 어떻게 대해야 할지도 가르칠 수 있다. 이는 상처를 주는 말로 쌓은 벽을 허무는 첫걸음이며, 이로써 우리는 다시 겸손한 은혜의 말로 자녀의 마음을 추적할 수 있다.

7장.
자녀의 말을
경청하는 법을 배우라

오후 5시 45분, 오늘도 정신없는 하루다. 학년이 각기 다른 세 아이의 삶에서 세 가지 다른 이야기가 동시에 진행되기 때문이다. 나의 아주 평범한 하루는 부부 상담, 건축에 대한 대화, 교역자 회의, 직원 회의, 글쓰기, 독서, 기도, 업무와 사람 관련 스트레스 대응 등으로 이루어진다. 그렇게 하루를 보내고 퇴근하면 그저 화장실에 가고 싶은 마음뿐이다. 그럴 시간이 정말 없었다. 그런데 문간에 들어서니 가족이 운영하는 레스토랑처럼 북적거린다. 심벌즈를 치는 듯한 소리와 함께 고소한 냄새가 진동한다. 두 아이가 먼저 학교에서 돌아온 때로부터 아내는 저녁상을 차리려는 일념으로 눈코 뜰 새

없이 바빴다. 책가방과 책이 사방에 널려 있다. 아내는 "물잔에 얼음 좀 넣어." "냅킨도 놓고 숙제는 식탁에서 치워야지"와 같은 지시를 내리고 있고, 십대 딸 하나는 한 손으로 물잔을 나르면서 다른 손에 든 전화기로 드라마 <하와이 파이브 오 Hawaii Five-0>를 보는 신공을 발휘한다. 식사가 시작되면 모바일 기기를 치워야 하기 때문이다. "드라마 거의 다 끝났어요, 아빠." 막내와 십대 큰딸이 냅킨을 집으면서 합창하듯 말한다. 계속 둘이 동시에 말하니 목소리가 더 커진다. 아내는 나로서는 도저히 견뎌낼 수 없을 정신없는 하루를 보내고 나서도 선善의 화신처럼 잠자코 접시에 음식을 나른다. 냄새가 기막히다! 나는 아직 가방을 들고 얼어붙은 채로 부엌에 서서 보고만 있다. 일터의 노고에서 가족에게 필요한 남편이자 아빠로 머릿속 기어를 변환하려 애쓰면서 말이다. 개까지 뒤질세라 연신 뛰어오르며 앞발로 자꾸 내 배를 치면서 최선을 다해 반갑다고 짖는다. 이것이 평소 저녁 식사 직전의 우리 집 풍경이다. 마침내 모바일 기기를 끄고 모두 둘러앉으면 기도하고 그때부터 서로의 말을 듣는다. 우리는 식탁의 이 순간을 사수한다. 십대 자녀의 말을 경청하는 순간이다. 그들은 먹으면서 생각을 쏟아낸다. "잠깐, 한 사람씩 말해야지." "너부터 할까?" "좋아, 너는 어디까지 말했지?" 당신도 십대 자녀의 말을 경청하려면 이런 시간을 사수해야 한다. 그만

큰 가치 있는 일이다. 식탁이 차려져 있다.

십대에게는 경청해줄 사람이 필요하다

십대 자녀의 절실한 욕구 중 하나는 아무래도 부모가 그들의 말을 들어주는 것이다. 대다수 십대는 태반의 시간을 '들으며' 보낸다. 특히 부모가 그들의 말을 '들어주는' 시간은 별로 없다. 생각해보라. 당신의 십대 자녀는 주 5일 하루 8시간씩 학교에 가서 교사들의 강의를 듣는다. 방과 후에 운동 연습이나 미술 학원이나 음악 레슨에 가면 거기서도 가르침을 듣는다. 교회에 가면 설교에 이어 소그룹 리더의 말까지 듣는다. 이 정도면 많이 듣는 것이다. 집에 오면 그들은 여태 듣고 경험한 모든 내용을 처리할 기회가 필요하며, 그 일을 부모가 함께 해주기를 바란다. 십대는 깨달음과 의견이 가득한데 대개 그것이 다양한 감정 속에 싸여 있다. 시간을 내서 십대 자녀의 말을 들어주는 부모는 관계에 대한 참된 헌신을 보여주는 것이고, 자녀의 공감을 살 수 있는 방식으로 사랑을 표현하는 것이다. 잠시 당신의 경우를 생각해보라. 누군가가 기꺼이 멈추어 전화기를 내려놓고 당신과 눈을 맞추며 실제로 당신 말을 들어줄 때 어떤 기분이 드는가? 그냥 흘끗 보거나 건성으로 대꾸하는 게 아니라 진심으로 관심을 품고 당신의 말을 들어준다면 말이다. 그런 경청은 누구에게나 선물이며, 그만큼 상대를 사랑하고 소중히 여긴다는 표시다. 시간을 내서 들어주면 그것이 관계에 미치는 영향이 평생 간다. 십대 자녀에게는 그들의 말을 들어줄 사람이 필요하다.

당신은 이렇게 생각할지 모른다. "듣고 싶은데 아이들이 생전 내게 말하지 않는다." 이유야 많겠지만 두 가지가 두드러진다. 하나는 우리가 십대 자녀에게 부모의 경청 여부를 어떻게 알라고 가르치느냐는 것이다. 우리가 그들의 본보기임을 잊지 말라. 그들은 우리를 보고 모든 것을 배운다. 흔히 우리는 십대 자녀의 경청 여부를 판단할 때 그들이 부모의 요청대로 하는지 아닌지를 본다. 자녀도 마찬가지다. 부모가 자기 말을 경청하는지 여부를 판단할 때 우리가 자신의 요청대로 하는지 아닌지를 본다. 당신도 그런 경험이 있을 것이다. 십대 자녀가 요청하는 특권을 당신이 거부하면, 그들은 "엄마(아빠)는 제 말을 듣지 않고 있어요"라고 반응한다. 이것이 경청의 '득점표'라면, 십대 자녀는 당신에게 말하기를 그만둘 수 있다. 당신이 듣지 않는다고 생각하기 때문이고, 말해봐야 부모가 자신의 요청대로 하지 않기 때문이다. 올바른 반응은 아니지만, 현실이 그렇다. 그래서 부모는 경청의 의미를 넓혀서 본을 보여야 한다. 자녀가 말하지 않는 또 다른 이유는 부모의 일정에 여유가 없어서일 수 있다. 우리 삶 속에 그들의 말을 들어줄 기회가 없는 것이다. 십대 자녀의 말을 반드시 경청해야 하는데도 말이다.

경청할 기회를 마련하라

아이들의 말을 들으려면 소중한 시간이 필요한데, 정신없이 바쁜 이 시기에 그런 여유를 마련할 사람은 다름 아닌 당신이다. 자녀의 삶에서 당신이 주요 리더인 만큼 이것은 리더십의 문제다. 거의 매일 가족이 함께 저녁을 먹으라. 그 시간을 사수하라. 함께하는 저녁 식사는 절호의 가족 대화 시간이다. 주일 오후에도 힘써 시간을 마련하여 함께 지내며 경청하라. 잠자리에 들기 전에도 경청하라. 어서 자리에 눕고 싶은 마음밖에 없을지라도 말이다. 바쁜 일정상 '그다음 일'로 향하는 차 안에서도 경청하라. 함께 지낼 기회를 마련하라. 하던 일을 멈추고 전화기를 내려놓고 라디오를 끄고 들을 준비를 하라. 자녀가 어언 십대가 되었다는 이유만으로 이렇게 함께하는 순간을 놓치지 말라. 오히려 더 자녀를 추적하라!

모든 십대는 독특하기에 경청에 필요한 조건도 각자의 성격과 표현 방식에 따라 다르다. 그러니 자녀를 추적하는 당신의 경청도 각별할 수밖에 없다. 우리 둘째 딸은 엄마나 아빠와 단둘이 있을 때만 말문을 연다. 그래서 우리 둘 중 하나가 다른 두 딸의 취침을 돕는 동안 다른 하나가 그 딸과 좀 더 늦게까지 대화한다. 딸이 그때 말하므로 우리가 시간을 마련해서 경청한다. 거실에 편하게 앉아 함께 텔레비전을 보면서 요긴한 질문을 던지는 식이다. 이렇게 타이밍만 맞으면 딸도 곧바로 마음을 연다. 딸과 단둘이 무언가를 할 때 우리에게 경청의 기회가 주어지는 셈이다. 크게는 함께 여행을 갈 수도 있고 작게는 커피나 아이스크림 데이트를 나가 백화점 안을 걸을 수도 있다. 언제고 단둘이 있으면 들을 수 있다는 것, 이것은 우리에게 중요한 세부 정보다.

큰딸은 잘 표현하는 달변가라서 우리가 딸의 마음을 듣기가 더 쉽다. 딸은 자연스럽게 생각을 나누며 자신의 하루를 쏟아낸다. 십대 후반으로 갈수록 더 성숙해져 즐거운 대화에 깊이까지 더해진다. 이번 학기에 딸은 금요일 오전에 일정이 빈다. 인근 전문대학에서 이중 학점 과목(고등학생이 대학 과목을 이수하고 대학에서 학점으로 인정받는 것—옮긴이)을 듣고 다시 자신의 고등학교로 돌아갈 때까지의 시간이다. 이 절호의 기회에 아내나 내가 딸을 만나 아침을 함께 먹는다. 지금까지 이 시간은 딸이 장래 꿈에 관해 말하는 것을 듣고, 그 꿈을 실현할 수 있도록 조언해주는 뜻깊은 기회로 보냈다. 이 또한 딸의 말을 경청하고자 맞춤형으로 마련한 기회다.

삶의 중요한 이정표 혹은 성장점(우리가 말하는 7가지 마일스톤)을 중심으로 경청의 기회를 마련하는 것도 매우 효과가 좋다.[1] 십대로 넘어가는 마일스톤 3의 자녀에게는 자동차 여행이 기억에 남을 만한 경청의 기회가 되고, 순결한 삶에 헌신하는 마일스톤 4의 십대에게는 저녁 식사와 해변 산책이 제격이다. 아동기를 뒤로하고 성경적 남성성 또는 여성성을 수용하는 마일스톤 5통과 의례의 십대와도 뜻깊은 경험을 함께하면 어떨까? 성장점마다 경청의 순간을 마련할 좋은 기회다.

물론 당신의 십대 자녀를 누구보다도 잘 아는 사람은 당신이다. 그들의 말을 들어주려면 어떤 일상 환경이 필요한가? 다음 번에 다가오는 마일스톤은 무엇인가? 그 기회에 둘만의 좋은 시간을 계획하여 자녀의 말을 들어줄 수 있다. 지금도 당신은 자녀가 잠자리에 들 때 함께 시간을 보내는가? 경청하려면 그것

---

[1] 마일스톤에 대한 더 자세한 내용은 다음 책을 참조하라. Brian Haynes, *The Legacy Path: Discover Intentional Spiritual Parenting*. 다음 웹사이트에도 볼 수 있다. www.legacymilestones.com.

을 재개해야 할 수도 있다. 주일은 어떤가? 이번 주말에 함께 지내며 경청할 수 있으면 좋은데, 혹시 그런 시간을 마련할 만한 계기가 보이는가? 십대 자녀와 공유할 '경험'이나 '데이트'를 계획하는 것도 좋다. 예컨대 출장길에 자녀를 데리고 가거나, 그냥 낚시를 가자고 아이에게 제안할 수 있다. 맞춤형 계획이 무엇이든지 경청할 기회를 마련하라.

잘 듣는 데 도움이 될 전략

십대 자녀의 말을 들을 기회를 마련했으면 이제 실제로 잘 들어야 한다. 어떤 부모에게는 경청이 자연스럽지만 어떤 부모에게는 힘든 일일 수도 있다. 다음에 제시하는 유익한 전략은 우리가 자녀의 말을 들을 때만 아니라 결혼 생활과 사역에서도 배운 것이다. 이런 경청 행동을 제대로 실천하면 자녀를 진정으로 이해하는 데 도움이 되며, 자녀에게 부모가 경청하고 있다는 사실이 확실히 전달된다.

먼저 하던 일을 멈추고 들어야 한다. 아이들이 아주 어렸을 때 우리가 깨달은 사실인데, 경청에 대한 자녀의 욕구는 부모가 끝마쳐야 할 일과 항상 충돌하는 것 같다. 자녀의 말을 듣는 것

말고도 부엌 청소, 어두워지기 전에 끝내야 할 정원 손질, 전화기에 끝없이 쇄도하는 이메일 점검 등 할 일은 언제나 있다. 이 유혹은 아이들이 더 자라나도 여전히 있었고, 그래서 우리는 하던 일을 멈추고 듣기로 매번 결심해야 했다. 우리가 하던 일을 멈추고 들을 때 십대 자녀는 우리의 추적을 느낀다. 우리가 멈추어 듣는 순간, 세상 무엇도 그들의 말보다 중요하지 않다는 메시지를 전하는 셈이다. "엄마(아빠), 듣고 있어요?"라는 확인 질문이 줄어들고 자녀의 포옹을 더 자주 받는다면, 당신이 잘하고 있다는 증거다.

저녁 식사 시간에 세 딸(그중 둘은 십대다)에게 벌어지는 흥미로운 현상이 최근 우리의 화제가 되었다. 우리의 예상과 달리 나이가 들어도 변하지 않는 그들의 행동이 있다. 저녁마다 엄마 곁에 앉으려고 서로 싸운다는 것이다. 이유를 물었더니 이구동성으로 하는 말이 다른 자리는 다 너무 멀어서 자기네 말이 엄마에게 들리지 않는단다. 이 말에 두 가지 의미가 있다. 하나는 엄마가 잘 듣는다는 것이고, 또 하나는 들어줄 사람이 필요한 딸들에게 부모의 경청 행위가 중요하다는 것이다. 저녁 식사는 의지적 경청의 시간이므로 가장 좋은 자리를 차지하려는 싸움은 지금도 계속된다. 이렇듯 우리가 하던 일을 멈추고 제대로 들을 때마다 마음과 마음이 이어진다.

자녀의 말을 제대로 듣지 못하게 부모를 크게 위협하는 것은 끝없이 발전하는 첨단 기기다. 십대 자녀가 늘 모바일 기기에 몰두해 있을 뿐 아니라 부모인 우리도 그럴 때가 많기 때문이다. 예컨대 몸은 직장에서 퇴근했어도 주머니 속에 업무가 있을 수 있다. 당신이 중요한 문자를 보내거나 시급한 이메일에 답하는 동안, 자녀에게 잠시만 기다리라고 말한 적이 얼마나 많은가? 십대 자녀가 막상 말하려 할 그때, 무슨 수를 써서라도 함께 있어 주고 들어주라. 십대 자녀의 마음을 들어주는 것만큼 중요한 일은 별로 없다.

"남이 너한테 말할 때는 그 사람의 눈을 봐야 한다." 어렸을 때 부모에게서 그런 말을 들은 적이 있는가? 부모님은 많은 사람이 망각하고 있었던 그 사실을 알고 있었다. 상대와 시선을 맞추면 당신이 듣고 있음을 그는 안다. 아내는 오래전 어느 회사의 외상매입금부 관리자로 일할 때 큰 교훈을 배웠다. 그 직위를 맡았을 때 아내는 구매부와의 관계가 긴밀할 줄 알았는데, 막상 가보니 누적된 소통 불량 때문에 두 부서의 관계가 나빠진 지 여러 해였다. 문제점을 파악해보니 분명히 양쪽 부서 전원이 아무도 자신의 말을 들어주지 않는다고 느꼈다. 제대로 된 대면 소통은 찾아볼 수 없고, 전화와 이메일 소통으로 국한된 탓이었다. 그렇다면 해법은 분명했다. 실제로 눈을 마주 보며 대화하기 시작하자 돌파구가 열리고 문제가 해결되었다. 아내는 구식으로 경청하는 시간이 큰 효과를 낳는다는 것을 배웠다.

자녀 양육에서도 마찬가지다. 십대 자녀의 말을 들을 때는 시선을 맞추어야 한다. 설령 그들이 불편해하더라도 말이다. 마태복음 6장 22절에서 예수님은 눈이 몸의 등불이라고 하셨다. 자녀의 말을 들을 때 눈을 들여다보면 영적, 정서적으로 등불이 켜져 있는지 꺼져 있는지 알 수 있다. 자녀가 말할 때는 거기에만 온전히 집중하라. 그러려면 자녀의 눈을 똑바로 봐야 한다. 그 덕분에 자녀는 당신이 듣고 있음을 안다.

예전에 혼전 상담을 받을 때 우리는 '반사 경청'이라는 경청 기술을 배웠다. 지난 20년간 그것은 우리 결혼 생활의 중요한 자원이었을 뿐 아니라 십대 자녀를 대할 때도 아주 효과가 좋았다. 반사 경청이란 듣고 나서 그대로 돌려주는 것이다. 예컨대 십대 자녀가 부당해 보이는 학교 코치나 교사의 처사에 관해 길게 말한다면 당신은 이렇게 반응할 수 있다. "그러니까 코치가 너를 부당하게 대한다고 느껴진단 말이지." 자녀가 말하려는 핵심을 당신이 듣고 이해했다는 것이 이 단순한 반사 행위로 전달된다. 반사하는 말을 해주려면 자녀의 말을 집중해서 들을 수밖에 없다. 아마도 반사 경청의 가장 큰 유익은 이 기술 덕분에 소통 내용이 명료해진다는 것이다. 반사하려면 반드시 십대 자녀가 실제로 하는 말을 알아들어야 한다. 부모의 경험으로 걸러서 부모의 생각대로 듣거나 얼른 문제의 해법을 알려주려는 것과는 다르다. 이 경청 기술은 부모가 어느 연령대의 자녀에게나 다 실천해도 좋다.

자녀에게 들은 말을 반사할 때는 긍휼과 이해도 함께 보여주라. "듣고 보니 이해가 된다." "정말 마음이 아프구나." "얼마든지 그렇게 느낄 만한 권리가 너에게 있지"와 같은 말을 해주면 좋다. 우리의 십대들이 살아가는 세상은 대개 긍휼을 베풀지 않으므로 우리가 배려해주면, 그것이 그들의 마음에 가닿는다. 경청처럼 친절도 어떤 부모에게는 자연스럽지만, 어떤 부모에게는 노력할 일이다. 어느 경우든 긍휼을 베풀어, 희열이든 우울함이든 자녀가 실제로 느끼는 감정을 인정하고 알아주라. 우리 딸 하나는 아내에게 삶의 고충과 상처를 털어놓았다. 솔직해서 좋았지만, 엄마가 보일 반응이 고통이나 분노나 심지어 실망일 수도 있었다. 그러나 아내는 그 대신 "너를 사랑한다"라고 반응한 뒤 오래 포옹해주었고, 딸은 그대로 회개의 눈물을 흘렸다. 나중에 엄마에게 보낸 편지에서 딸은 그 반응이 어떤 훈계보다도 더 마음에 와닿았다고 고백했다. 대체로 십대에게 필요한 것은 해결이 아니라 긍휼과 이해다. 속마음을 털어놓을 때는 특히 더하다.

십대 자녀가 어떤 문제를 털어놓든 무조건 얼른 해결해주려는 당신의 충동을 물리치라. 당신의 아들딸은 해결만을 바라는 게 아닐 것이다. 사실 정말 부모에게 받고 싶은 것은 이해다. 우리는 자녀가 고통이나 고충을 겪는 것이 싫어서 선의로 자꾸 문제를 해결해주려 한다. 하지만 문제도 삶의 일부다. 십대 자녀에게 "그냥 무시해버려." "시간이 좀 지나면 나아질 거야"와 같은 말을 한 적이 있는가? 이런 말을 우리는 '해결'의 문장이라 부른다. 그 속에는 십대 자녀를 정서적 곤경에서 얼른 빼내려는 부모의 욕구나, 또는 대화를 끝내고 당장 관심을 쏟아야 하는 다른 일로 넘어가려는 바람이 담겨 있다. 의도는 좋을 수 있으나 십대 자녀가 원하는 대화 상대는 '해결사'가 아니다. 그들에게 필요한 것은 자기 말을 들어줄 아빠나 엄마다. 아이들이 어렸을 때 내게 학교에서 아무개 때문에 힘들다고 하면, 나는 대개 이렇게 말했다. "내일 아빠가 걔를 곤충처럼 납작하게 만들어줄까?" 아이들은 웃으며 "아니야, 아빠"라고 말하곤 했다. 아이들이 십대가 되었을 때는 "내일 아빠가 걔네 아빠한테 한 방 날려줄까?"라는 말로 시작했다. 하루는 딸 하나가 "아니야, 아빠. 걔를 곤충처럼 납작하게 만들거나 걔네 아빠한테 한 방 날릴 게 아니라 그냥 제 말을 들어주면 돼요"라고 말했다. 그 말로 충분했고, 나는 교훈을 배웠다.

경청의 미묘하고도 중요한 일면은 말 없는 표정과 관련 있다. 부모는 자기 얼굴을 다스려야 한다. 실없는 소리 같겠지만 엄연한 사실이다. 예컨대 당신이 십대 자녀의 말을 듣다 보니 자녀가 몹시 어리석은 선택을 했다고 하자. 이때 "바보짓이었네"라고 말하려는 충동은 잘 억제했더라도 표정으로 "너 바보구나!"라고 외칠 수 있다. 그런데 때로 자녀는 그 표정을 아주 정확히 짚어내 말보다 더 큰 소리로 알아듣기도 한다. 자녀가 "성교가 무슨 뜻이에요?" "사람들은 왜 오럴 섹스를 하려는 걸까요?" "자위행위를 어떻게 봐야 하나요?"와 같은 질문을 할 때 당신의 표정은 어떤가? 용케 차분히 지혜의 말을 내놓으면서도 얼굴로는 "왜 나한테 이런 걸 물어?"라고 외치고 있는가? 만일 그렇다면 아들딸이 호기심에 당신에게 '섹스' 관련 질문을 하는 것은 이번이 마지막일 수 있다. 다음번에는 친구에게 물을 수도 있다. 아이들과 대화할 때는 비언어 소통이 중요하다. 그러므로 십대 자녀의 말을 들을 때는 당신의 표정을 잘 다스리라.

대화를 촉진하려면

십대와의 대화를 촉진하기가 때로는 어려울 수 있다. 그들이 말할 기분이 아닐 수도 있고, 원래 내성적인 아이일 수도 있고, 식구들의 말소리가 커서 끼어들지 못할 수도 있다. 기껏 당신이 경청할 기회를 마련해도 자녀로서는 말하기 힘들 수 있다. 부모와 십대의 관계에서 이런 일이 처음이라면 특히 더하다. 어떻게 하면 진정으로 대화를 자극하여 자녀의 말을 들을 수 있을까?

 우선 적절한 질문을 던지라. 저녁을 먹을 때나 잠자리에 들기 전에 이런 식으로 물어보라. "오늘 제일 좋았던 일은 뭐고, 제일 나빴던 일은 뭐니?" "가장 설레거나 가장 두려웠던 일은?" 자녀와 관계된 화제로 대화를 끌어내라. "축구 시합에 나갔을 때 기분이 어땠어?" "오늘 점심은 누구랑 먹었니?" "학교에서 제일 어려운 과목이 뭐야?" "신앙과 관련해서 아무도 잘 답해주지 않는 것 같은 가장 큰 의문은 뭐니?" "네 절친은 누구야? 이유는?" "네가 싫어하는 것은?" "네가 사랑하는 사람이나 좋아하는 것은?" 시사나 대중문화 이슈에 관해서도 자녀의 생각을 물어보고, 설령 당신이 거기에 동의하지 않더라도 흔쾌히 들어주라. 적절한 질문을 던지면 십대 자녀와의 사이에 대화의 세계가 열릴 수 있다.

 물론 적절한 질문을 적절한 방식으로 하는 것도 똑같이 중요하다. 질문 공세나 심문처럼 느껴진다면 십대 자녀는 마음을 닫아버리고 말 것이다. 함께 탐색하는 식으로 질문하고, 자녀에게 '칠판을 지울' 시간을 주라. 칠판식 대화는 안전하므로 어떤 환경에서도 유익하다. 대화가 끝나면 그냥 칠판을 지우면 되니까 손해나 뒤끝이 없다. 그렇다고 십대 자녀와 대화할 때 정말 칠판을 준비하라는 말은 아니다. 다만 끝날 때 지우면 그만인 안전한 대화가 유익하다는 것이다.

그동안 우리가 배운 바로는, 자녀에게 물어볼 수 있는 몇몇 좋은 질문은 단순하지만 의미가 있는 것이다. "무엇을 위해 기도해줄까?" "네 주변에 우리가 너를 위해 기도할 때 함께 기도해줬으면 하는 대상이 있을까?" 이런 질문은 알찬 대화를 할 수 있게 해준다. 질문 덕분에 우리는 평소에 접하기 힘든 십대 자녀의 세계를 일부나마 엿볼 수 있다. 고백하자면, 우리는 아이들이 아주 어렸을 때부터 매일 그런 질문을 했다. 십대가 돼서도 그들이 대화 시간을 편하게 느끼는 이유는 엄마 아빠에게 솔직히 말해도, 우리가 늘 잘 들어주고 안전한 느낌을 주었기 때문이다. 그들이 매번 깊은 내용을 말한 건 아니다. "수학 시험이랑 역사 쪽지 시험을 잘 볼 수 있도록 기도해주세요"라는 답이 돌아오면 그대로 기도한다. 때로 "오늘은 없어요"라고 말해도 그 또한 괜찮다. 자녀의 상한 마음 때문에 울며 기도해야 할 때도 있다. 힘든 상황에 부닥쳐 도움이 필요한 친구를 걱정하여 기도 제목에 낼 때도 있는데, 그러면 우리는 하나님께 개입해달라고 간구한다. 교사나 코치와 관련된 상황에서 십대 자녀가 적절한 대응법을 모를 때는 함께 기도로 지혜를 구한다. 기도 응답을 받아서 하나님께 감사하며 즐거워할 때도 종종 있다. 부모가 훈련 삼아서라도 매일 이런 질문을 하면 경청할 기회가 풍성해진다.

십대 자녀가 나이 들수록 부모에게 더 중요해지는 일이 있다. 자녀가 희망과 꿈을 잘 체질하도록 돕는 것이다. 마땅히 행할 길을 아이에게 가르치려면, 하나님이 설계하신 아이의 개성을 파악해야 한다. 그래서 자녀가 십대 후반에 이르면 우리는 경청의 주안점을 그리스도의 영광을 위해 세상에서 영향을 미칠 제자리를 찾도록 자녀를 이끌어주는 데 둔다. 그동안 드러난 천부적 재능과 은사를 보거나 갈수록 관심이 깊어지는 분야를 보면, 서서히 움트는 자녀의 소명을 가늠할 수 있다. 현명한 부모는 하나님이 자녀 안에 심어놓으신 꿈을 파악하고자 십대 자녀의 말을 경청한다. 자녀를 향한 부모의 꿈을 강요하는 것과는 사뭇 다르다. 이것은 하나님이 자녀의 마음속에 두신 장래의 꿈을 부모로서 신중히 끌어내주기 위한 의지적 경청이다. 수십 번, 어쩌면 수백 번의 대화를 부모가 잘 체질하는 셈인데, 그 덕분에 자녀는 자기 미래를 위한 하나님의 계획 쪽으로 초점을 좁힐 수 있다. 이런 과정 또한 적절한 질문으로 시작할 때가 있으나, 우리가 겪어보니 이 중요한 경청의 기회는 자연스럽게 찾아올 때가 더 많다. 이런 대화를 십대 쪽에서 시작하면 더 바랄 게 없다. 우리가 "너는 평생 무엇을 하며 살고 싶니?"라고 물으면, 대개 "몰라요"라는 답이 돌아온다. 그러나 아이 쪽에서 "아빠, 슈뢰더 씨는 날마다 종일 뭘 하는 거예요?"라고 물어오면, 이는 슈뢰더 씨가 세상에 어떤 영향을 미치는지에 자녀가 관심이 있다는 뜻이다. 우리가 경청만 잘해도 시간이 지나면 십대 자녀의 열정과 관심사를 알 수 있다.

앞서 언급했듯이, 우리 딸 하나는 형사사법과 관련한 다양한 전문 분야에 관심을 표해왔다(그 분야로 간다는 보장은 없으며, 지금 탐색 중이므로 앞으로 어떻게 될지는 모른다). 그도 그럴 것이, 딸은 아주 어려서부터 집단 내의 정의를 중시하는 아이였고, 십대가 되어서도 친구들 사이에서 정의감이 투철하다고 알려졌다. 딸의 그런 자질을 처음 본 때부터 우리는 교회를 통해 딸에게 극도의 불의를 겪는 사람들 사이에서 봉사할 기회를 종종 마련해주었다. 그래서 딸의 열정이 더 불붙은 것 같다. 몇 주 전에 딸이 우리 도시 경찰 본부의 범죄 연구소를 견학하고 싶다기에, 우리는 딸이 평소에 관심이 많던 일반 사법계를 접할 수 있도록 그 견학을 주선했다. 현재 딸은 형사사법 전공이 개설된 여러 대학을 비교하고 있다. 하나님이 주신 딸의 성향과 재능이 그리스도의 영광을 위해 세상에 영향력을 끼치는 자리로 서서히 좁혀지는 것 같다. 그동안 우리가 딸을 이해할 수 있었던 것은 딸의 강점과 열정과 성격을 관찰하고, 딸의 마음을 경청한 덕분이다. 딸을 향한 주님의 계획을 정확히는 모르지만, 우리 딸 같은 십대들을 하나님이 주신 희망과 꿈대로 살아가도록 목양하는데 '경청'이 참 좋은 도구인 것만은 분명하다. 치열한 부모는 십대 자녀를 온유하게 지도하여 각자의 희망과 꿈을 발견하게 해 준다. 그런 희망과 꿈을 우리는 사실상 경청을 통해 알 수 있다.

항상 옳아야 한다는 욕구를 물리치라

내가 자녀를 기르면서 여러 해 동안 되풀이한 잘못이 있다. 끊기 힘들었던 그 습관은 바로 대화 때마다 내가 옳아야 한다는 욕구였다. 실제로 나는 상대의 생각을 반쯤만 듣고 끼어들어 내 최고의 해법이나 올바른 견해를 내놓는다. 그 해법이나 견해에 대한 상대의 이견이나 거부는 무례하다고 느꼈다. 이런 습관 때문에 자녀의 말도 제대로 들을 수 없었다. 그들이 하려던 말과 내가 이해한 말이 판이할 때가 많았다(화자가 들려주려는 말을 내가 절반만 들었기 때문이다). 결과는 난감한 오해와 억측이었다. 내 이런 성향을 깨닫고 나서 보니, 분명히 나는 자녀 양육에서만 아니라 다른 관계에서도 경청 기술이 부족했다. 우리 부부는 이런 고충을 다른 부모들에게 솔직히 털어놓곤 한다. 알고 보니 똑같은 문제로 씨름하는 사람이 많았다. 자존심이나 지위 등 몇 가지 이유가 있었다. '나는 아빠니까 옳아야 한다'는 생각 때문에 그렇기도 했고, 내 경우 정서적 에너지가 달려서일 때도 있었다. 얼른 문제를 해결하고 다음으로 넘어가고 싶었던 것인데, 물론 부질없는 짓이었다! 이 문제로 씨름하는 나그네로서 당신에게 권하고 싶다. 항상 옳아야 한다거나 즉각 해법을 제시하려는 욕구를 물리치라. 십대 자녀가 하고 싶어 하는 말을 충분한 시간을 들여 다 들으라. 전달되는 내용을 확인 질문을 던져 정확히 이해하라. 시간을 내서 대화를 반추하고, 배우자나 다른 믿을 만한 지혜로운 사람과 상의하라. 중간에 끼어들어 충동적으로 말하면 혼란만 일으키게 되며, 으레 자녀는 상처를 받게 된다. 치열한 부모가 되어 현명한 조언을 베풀라. 자존심에서 비롯된, 옳아야 한다는 욕구가 아니라 자녀를 이해하고 자녀가 가야 할 길로 인도하려는 열망으로 치열하게 부모 역할을 담당하라. 경청하는 법을 배우면 자녀의 마음을 얻을 수 있다.

8장.
정체성을
세워주라

사춘기의 정체성은 언제나 중요한 주제였다. '나는 누구며 어떤 사람이 될 것인가?'는 청소년기를 통과할 때 으레 품는 의문이다. 그런데 오늘날에는 정체성 문제가 복잡해졌다. 언론과 문화가 '당신이 원하면 무엇이든 될 수 있다'는 미국식 주문呪文을 극단까지 몰아가, 이제 젠더 정체성마저도 생물학적 성과 무관하게 각자의 취향대로 결정하는 지경에 이르렀다. 그래서 정체성 문제에 이전 어느 때보다도 지도가 필요하며, 자녀의 정체성을 확립해줄 핵심 역할은 부모의 몫이다. 십대 자녀를 대할 때는 그 역할이 약간 달라지지만, 치열한 부모라면 알듯이 그래도 의지가 필요하기는 마찬가지다.

정체성 추구

사춘기에는 자녀의 정체성에 대한 도전이 존재의 핵심에까지 파고든다. 꼭 말로 하지 않더라도 자녀는 그 과정 내내 '나는 누구인가?'를 계속 묻는다. 자녀의 삶 속에 이 질문을 반복하게 만드는 몇 가지 요소가 있다. 우선 성장에 따른 호르몬 변화와 증가가 날뛰는 감정, 기분, 신체 반응을 유발한다. 십대 시절에는 이런 호르몬성 감정을 절제하는 법을 배우기가 어려우며, 오히려 그것은 아이를 '나는 어떤 사람이 되려나?'라는 의문으로 자꾸 몰아간다. 또래 친구도 '나는 누구인가?'라는 물음의 답에 영향을 미친다. 인간 심리학에 따르면, 매일 경험하는 환경이 우리의 정체성에 중대한 요소로 작용한다. 십대 친구들이 알게 모르게 자녀의 정체성 추구에 한몫한다는 뜻이다. 교육 과정도 정체성을 이해하려는 십대에게 정보를 주입한다. 학생으로서 매일 배우는 과학, 심리학, 문학, 역사, 사회학 과목 등의 배후 철학에 따라 십대는 인류에 대한 어처구니없는 거짓을 배울 수도 있고, 중요한 진실을 배울 수도 있다. 요컨대 인본주의 철학은 그들의 신체적 정체성이 유인원에서 진화했고, 어떤 사람이 될지는 전적으로 본인의 선택에 달려 있다고 가르친다. 그러나 성경적 세계관은 하나님이 이유와 목적이 있어 그들을 창조하셨고, 그들이 자기 삶을 위한 그분의 목적을 발견하려면 그분을 구해야 한다고 가르친다. 두 세계관은 완전히 반대된다! 어떤 교육을 받느냐가 십대의 정체성을 일부 빚어낸다. 각종 매체의 영향도 빼놓을 수 없다. 물론 교회의 영향력도 막강하다. 교회에 속한 십대는 정체성 추구의 답을 신앙 공동체에서 다른 사람들과 더불어 성경을 공부하면서 찾는다. 끝으로, 가장 중요한 것은 부모의 영향력이다. 십대의 정체성에 부모는 이상의 제반 요소를 다 합한 것보다 더 큰 위력을 발휘할 수 있다. 그런데 무력감을 느끼는 부모가 많다. 자녀 주위의 다른 모든 영향력이 왠지 자기 영향력을 능가하는 것 같아서다. 충분히 이해할 수 있다. 현대 문화의 온갖 영향은 부모가 십대 자녀에게 그리스도 안의 정체성을 수용하도록 권면하는 데 엄청난 걸림돌이 된다. 다행히 여기 기쁜 소식이 있다. 21세기 자녀의 삶에서 부모의 영향력이 축소되었다는 말은 신화다. 근래에 신앙의 대물림을 주제로 실시된 옥스퍼드 대학교의 한 사회학 연구에서, 연구진은 십대 자녀의 정체성 형성과 관련하여 모든 부모가 알아야 할 중대한 결론을 도출했다. "요컨대 연구 결과에서 보듯이 종교적 신념과 실천 부분에서 부모의 영향력은 세간의 통념과 달리 쇠퇴하지 않았다. 오늘날 젊은 세대의 대다수는 부모의 가치관과 신념에 저항하거나 그것을 버린 게 아니라 그것을 고수하되 새로운 역사 정황에 맞게 다듬은 것으로 보인다."[1] 21세기에도 영향력에 관한 한 하나님의 설계에 따라 부모가 우세하다. 그 큰 영향력으로 부모는 십대 자녀의 정체성을 길러줄 수 있다. 특히 마음의 소통이라는 물줄기를 통해서 말이다. 여기 도전이 있다. 자녀가 정체성을 찾고자 '나는 누구며 어떤 사람이 될 것인가?'를 물을 때 치열한 부모는 이 물음을 '나는 누구의 것이며, 그분은 나를 어떤 사람이 되도록 설계하셨는가?'로 계속 바꿔주어야 한다.

그리스도 안의 정체성

십대 자녀의 삶은 온통 정체성 위에 세워진다. 주관적 정체성일지라도 말이다. 자녀의 삶 속에 진리를 심어주고 그리스도 안의 참된 정체성을 다져주면, 거기서 형성되는 탄탄한 세계관이 모든 결정의 근거가 되어 자녀의 일생을 영원히 빚어낸다. 그리스도 안의 정체성을 제대로 형성하려면 어떤 성경적 핵심 요소가 필요할까?

---

[1] Vern L. Bengston, *Families and Faith: How Religion is Passed Down Across the Generations* (Oxford University Press, 2013), 185-186.

정체성은 창조에서 시작된다. 창세기 1장 26-28절은 십대가 자신의 참된 정체성을 형성하고 이해하는 데 결정적인 구절이다. "하나님이 이르시되 우리의 형상을 따라 우리의 모양대로 우리가 사람을 만들고 그들로 바다의 물고기와 하늘의 새와 가축과 온 땅과 땅에 기는 모든 것을 다스리게 하자 하시고 하나님이 자기 형상 곧 하나님의 형상대로 사람을 창조하시되 남자와 여자를 창조하시고 하나님이 그들에게 복을 주시며 하나님이 그들에게 이르시되 생육하고 번성하여 땅에 충만하라, 땅을 정복하라, 바다의 물고기와 하늘의 새와 땅에 움직이는 모든 생물을 다스리라 하시니라." 자신이 창조된 기원과 원리와 취지를 알면 십대뿐 아니라 누구라도 정체성을 확립할 수 있을 것이다. 이 창세기 말씀을 진리로 받아들이는 사람은 자기 정체성에 관해 몇 가지를 배운다. 첫째, 하나님은 목적을 두고 사람을 창조하셨다. 인생은 우연이 아니라 철저히 의지의 산물이다. 둘째, 사람은 하나님의 형상대로 지어졌다. 여느 피조물과 달리 우리가 그분께 특별한 존재라는 뜻이다. 셋째, 우리는 남자와 여자로 지어졌다. 처음부터 하나님은 친히 설계하신 염색체 수에 따라 우리의 생리적, 생물학적 정체성을 정하셨다. 생물학적 성은 우리가 선택한 게 아니다. 넷째, 하나님은 인간이 청지기로서 지상의 모든 생물 다스리기를 원하신다. 끝으로, 첫 남녀인 아담과 하와 때부터 지금에 이르기까지 우리가 생육하고 번성하는 것이 하나님의 뜻이다. 논리적으로 추론해보면, 우리 모두 아담과 하와의 후손으로서 다스리고 번성하도록 부름을 받았고, 그들의 속성이 죄성까지 포함해 우리에게도 똑같이 있다. 이 모든 것이 정체성을 이룬다. 우리가 십대 자녀를 이끌어, 하나님이 목적을 두고 우리를 그분의 형상대로 지으셨다는 사실을 상기시키면, 그들은 자신이 더 크고 위대한 실재의 일부며, 자기 삶이 하나님 그리고 과거와 현재와 미래의 사람들과 이어져 있음을 배울 수 있다. 이것은 모든 사람에게 중요하다. 목적, 관계, 정체성에 관한 의문에는 마땅히 답이 필요하며, 젠더처럼 지극히 확연한 분야에 대한 의문에도 마찬가지다. 치열한 부모는 태초로 돌아가, 하나님이 뜻하신 바가 있어 의지적으로 인간을 창조하셨다는 감격스러운 진리를 보여준다. 우리도 아이들에게 즐겨 하는 말이 있다. 우리는 모두 그리스도 안에서 그분의 자녀라는 것이다. 이 단순하고도 심오한 개념을 이해하면, 그것이 삶과 관계, 성 등에 대한 십대의 모든 결정에 영향을 미친다.

    창조 기사를 통해 자녀의 정체성을 형성해줄 때 우리는 복음을 명확히 이해시킬 필요가 있다. 복음은 은혜로 충만한 하나님의 메시지로서 인간의 정체성을 바꾸어놓는다. 복음은 창조 세계를 향한 하나님의 사랑에서 기원하며, 그리스도 안의 정체성을 얻는 데 꼭 필요하다. 십대는 복음의 핵심과 복음이 어떻게 우리의 정체성을 포함해 모든 것을 바꾸어놓는지 모를 때가 많으며, 이는 종교적 가정에서도 마찬가지다. 우리 인간에게는 문제가 있다. 하나님의 형상대로 지어진 우리의 정체성이 훼손되었다. 창세기 3장에서 인간은 최초로 하나님께 대놓고 불순종했다. 이 불순종 행위를 일컬어 흔히 인류의 타락이라 하며 그 결과는 죄다. 아담과 하와가 죄를 지음에 따라 그들의 혈통에서 태어나는 모든 인간(즉, 우리 모두)도 죄 가운데 태어난다. 불순종하고 거짓말하며 말대꾸하고 훔치며 속이는 법을 아이들이 본능적으로 아는 것도 그래서다. 또 어른인 당신과 내가 계속 교만과 육욕에 시달리는 것도 그 때문이다. 우리는 타고난 죄인이다. 십대 자녀에게 그것을 증명하기란 어렵지 않을 것이다. 자녀가 듣고 싶어 하지 않을지 몰라도 본인의 삶으로 증명될 테니 말이다. 당신의 삶으로도 증명됨을 솔직히 인정하라. 십대 자녀도 이미 아는 사실이다. 그것을 인정할 때 당신은 가식 없는 겸손한 사람, 자녀와 똑같이 복음이 필요한 사람이 된다.

죄는 심각한 문제다. 해결책이 없으면 죄가 우리의 정체성을 규정한다. 그 말이 무슨 뜻인지 에베소서 2장 1-3절에 이렇게 나와 있다. "그는 허물과 죄로 죽었던 너희를 살리셨도다 그때에 너희는 그 가운데서 행하여 이 세상 풍조를 따르고 공중의 권세 잡은 자를 따랐으니 곧 지금 불순종의 아들들 가운데서 역사하는 영이라 전에는 우리도 다 그 가운데서 우리 육체의 욕심을 따라 지내며 육체와 마음의 원하는 것을 하여 다른 이들과 같이 본질상 진노의 자녀이었더니." 성경은 죄인인 우리를 "진노의 자녀"라 칭한다. 섬뜩한 일이다! 성경 다른 곳에는 죄인이 하나님의 "원수"로 표현되어 있다롬 5:10. 성경의 이런 명쾌한 지적은 중요하다. 부모도 십대 자녀도 복음을 이해하고 받아들여야 정체성이 변화되기 때문이다. 그럴 때 우리는 새로운 정체성을 얻는다. 예수님은 이를 "거듭난다"라고 표현하셨다. 성경 말씀대로 우리는 "새 생명"을 얻는다. 당신의 자녀가 신자라면 자녀의 정체성은 그리스도 안에서만 형성된다. 새로운 존재가 되는 것이다. 에베소서 2장 4-6절을 마저 읽어보자. "긍휼이 풍성하신 하나님이 우리를 사랑하신 그 큰 사랑을 인하여 허물로 죽은 우리를 그리스도와 함께 살리셨고 (너희는 은혜로 구원을 받은 것이라) 또 함께 일으키사 그리스도 예수 안에서 함께 하늘에 앉히시니." 하나님이 우리를 긍휼히 여겨 그리스도 안에서 우리의 신분을 바꾸어주셨다. 죽었던 우리가 이제 그리스도와 함께 살아났다. 우리에게 주어진 미래는 하늘에서 그분과 함께 영생하는 것이다. 죄 때문에 하나님의 원수였던 우리가 이제 아들 예수님의 죽음을 통해 그분과 화목해졌고, 그 피로 구원받았으며, 승리하신 그분의 부활로 말미암아 미래까지 보장받았다. 그리스도를 진정으로 주님으로 고백하고 그분이 우리 죄로 인해 십자가에서 죽임당하시고 다시 살아나셨음을 참으로 믿으면, 우리는 죄의 형벌과 하나님의 진노에서 구원받고 변화된다. 아담을 통해 죄에 들어선 우리가 인간으로 오신 예수 그리스도를 통해 의로워진다. 이로써 우리의 정체성도 완전히 달라진다. 반항에서 벗어나 그리스도의 피로 말미암아 그분의 의를 받는 것이다. 그야말로 기쁜 소식이다!

하나님이 우리에게 베푸신 사랑을 우리는 때로 이해하기 힘들다. 정체성을 바꾸어놓는 그 사랑이 요한일서 4장 10절에 이렇게 간명하게 묘사되어 있다. "사랑은 여기 있으니 우리가 하나님을 사랑한 것이 아니요 하나님이 우리를 사랑하사 우리 죄를 속하기 위하여 화목 제물로 그 아들을 보내셨음이라." 말 그대로 "화목 제물"이다. 예수님이 우리 죗값사랑을 대신 치르셨고, 마치 자신이 원수인 양 하나님의 의로운 진노십자가형를 당하셨다는 뜻이다. 그 덕분에 (하나님의 진짜 원수인) 우리는 모두 그분을 주님으로 고백하고 구원과 새로운 정체성을 받을 수 있다. 이것은 종교가 아니라 복음이다. 이 복음이 우리의 정체성을 송두리째 바꾸어놓는다.

십대 자녀에게 그리스도 안의 정체성을 세워주려면

하지만 실제로 십대 자녀에게 그리스도 안의 정체성을 세워주려면 지혜와 치열한 노력이 필요하다. 이 부분에서 방관하기가 정말 쉽지만, 그렇다고 강요하는 것도 잘못이다. 균형이 필요하다. 우리의 각 자녀는 하나님을 영원히 영화롭게 하도록 그분께 독특하게 지음을 받았다. 열정을 품는 분야도 다르고, 그리스도 안의 정체성과 더불어 하나님이 각자에게 정해주신 은사도 다르다. 치열한 자녀 양육에는 이런 은사를 발견하고 구사하도록 돕는 일도 포함된다. 그럴 때 자녀는 영향력 있는 성인으로 자란다. 십대 자녀가 예수님의 제자라면, 주님의 말씀이 그들에게도 적용된다. 그분은 "너희는 세상의 빛이라 산 위에 있는 동네가 숨겨지지 못할 것이요 사람이 등불을 켜서 말 아래에 두지 아니하고 등경 위에 두나니 이러므로 집 안 모든 사람에게 비치느니라 이같이 너희 빛이 사람 앞에 비치게 하여 그들로 너희 착한 행실을 보고 하늘에 계신 너희 아버지께 영광을 돌리게 하라 마 5:14-16"고 말씀하셨다. 이런 의미에서 예수님의 모든 제자는 하나님 나라의 아주 중요하고 영원한 목적을 위해 세상 사람들에게 비치는 복음의 빛이다. 예수님 덕분에 십대 자녀를 포함한 그분의 제자는 다 영향력 있는 사람이다. 그래서 우리도 부모로서 자녀에게 그리스도 안의 독특한 정체성을 길러주고 싶다. 그들이 가장 환한 빛, 즉 영향력 있는 사람이 되어 그리스도를 영화롭게 하고 사람들을 사랑할 수 있도록 말이다. 우리의 역할은 그들이 예수님의 제자로서 하나님 나라를 위해 세상에서 제자리를 찾도록 돕는 것이다.

사역에 몸담은 기간이 길어질수록 우리가 절감하는 게 있다. 하나님이 일부러 온갖 다양한 사람의 삶을 통해 복음으로 인간에게 영향을 미치신다는 것이다. 목사인 내가 배우고 있듯이 날마다 온 세상의 직업 현장 속으로, 희망이 필요한 암울한 문화 속으로 그리스도의 복음을 들고 나가는 이들은 목회자라기보다 일반인이다. 역설적으로 그리스도를 위한 영향력을 좌우하는 요소는 직업 분야나 소득 수준이 아니라 순전히 그리스도 안의 정체성이고, 그분이 정해주신 영향권 내에서 각자 충실하게 사는 것이다. 그래서 자녀에게 이 정체성을 길러주는 게 중요하다.

우선 자녀를 도와 자기 관심사와 재능과 은사를 발견하게 해주라. 십대 자녀에게서 보이는, 당신이 격려하고 길러줄 만한 부분은 무엇인가? 자녀가 사람들을 긍휼히 여기는가? 선천적으로 가르치기를 즐기는가? 리더십이 있는가? 아주 힘든 상황에서도 용기를 보여주는가? 잘 섬기는가? 십대 자녀에게서 성향과 특징이 드러나기 시작하거든 그 부분을 격려해주라. 고등학교 이후의 삶에 관해 진지한 대화를 나누라. 세상에서 그들이 영향을 미칠 만한 지점을 함께 탐색하라. 하나님 나라를 위한 영향력의 토대는 세상 기준의 성공이 아니라 그리스도 안의 정체성임을 잊지 말라. 자녀를 도와 하나님이 각자의 마음에 심어주신 꿈을 추구하게 하라. 그 꿈대로 그들은 우주 비행사나 교사나 엄마나 경찰관 등이 될 수 있다.

십대 자녀에게 그리스도를 위해 세상을 변화시키는 사람이 되려는 비전을 심어주라. 우주 비행사가 되려는 비전을 길러주는 것과 그 직업이 자기 핵심 정체성이나 목적일 수 없음을 깨우쳐주는 것은 다른 문제다. 정체성과 목적은 그리스도 안에만 있고, 우주 비행사나 교사나 사업가의 자리는 복음을 위해 영향을 미칠 수 있는 장이다. 아마도 십대 자녀에게 이런 비전을 심어주는 가장 좋은 방법은 해당 관심 분야에서 그리스도를 위해 살아가는 사람들과 교류하게 해주는 것이다. 이 부분에도 부모의 의지가 필요하다. 우리 딸 하나는 교육에 관심이 많다. 그래서 우리는 아주 의지적으로 딸을 현직 교사들과 연결해준다. 예수 그리스도를 위해 교실에서 학생들의 삶에 영향을 미치고 있는 교사들이다. 우리는 아이들에게 행동하는 비전을 보여주고 싶고, 세상의 빛으로서 그 영향력의 자리에 서 있는 자신을 상상하게 해주고 싶다. 다른 십대 딸은 간호학에 관심이 있다. 그래서 딸에게 우리는 매일 사람들을 돌보며 그리스도를 위해 빛으로 살아가는 의료 전문인 셋을 만나게 해주었다. 이렇게 비전의 사례를 눈으로 직접 보면 거기서 아이들이 감화와 자극과 격려를 받아 자신도 그리스도 안의 정체성을 표현하는 쪽으로 나아간다. 하나님 나라의 목적을 위해 그분이 설계하신 대로 말이다.

그리스도 안의 정체성에서 자녀의 사명이 파생되고, 하나님의 부르심인 그 사명이 모든 것에 우선한다. 당신이 이것을 자녀에게 깨우쳐줄 수 있다면, 장차 그들은 예수 그리스도의 복음으로 세상을 환히 비출 것이다. 정체성이 예수 그리스도 안에 있는 사람의 사명은 무엇일까? 그분은 모든 제자에게 이렇게 말씀하셨다. "그러므로 너희는 가서 모든 민족을 제자로 삼아 아버지와 아들과 성령의 이름으로 세례를 베풀고 내가 너희에게 분부한 모든 것을 가르쳐 지키게 하라 볼지어다 내가 세상 끝 날까지 너희와 항상 함께 있으리라_{마 28:19-20}." 자신을 향한 하나님의 계획이 무엇이든 자녀에게 그 계획대로 되려는 비전을 심어주라. 그러면 그들이 그리스도의 영광을 위해 이 세대에 세상을 환히 비출 수 있다.

태도와 행동이 정체성에 부합하지 않을 때

십대 자녀에게 그리스도 안의 정체성을 길러주는 데는 다른 측면이 있다. 달갑지 않지만, 이 또한 엄연한 현실이다. 그리스도 안의 정체성이 모든 생각, 말, 결정, 관계, 동기에 영향을 미쳐야 함은 사실이다. 그러나 십대 자녀의 태도와 행동이 그리스도 안의 정체성과 늘 일치하지만은 않는 것도 사실이다. 그렇다면 그들의 태도와 행동이 그리스도 안의 정체성에 부합하지 않을 때는 어떻게 해야 할까?

그동안 우리가 사역 현장에서 상담한 수많은 부모의 십대 자녀는 '그리스도인답지 못한' 행동을 했다. 우리를 찾아올 때쯤이면 대개 부모의 감정이 격해진 상태다. 대개 우리는 "지금까지 이 일로 자녀를 어떻게 양육해왔나요?"라는 질문부터 한다. 답변은 아주 다양하게 나온다. "아직 아무런 조치도 취하지 못했습니다." "어찌해야 할지 모르겠어요"와 같은 답도 있었고, 다음과 같은 극단적인 반대 답변도 있었다. "목사님, 딸에게 레위기를 영어와 히브리어로 필사하게 했습니다. 율법을 제대로 알아야 하니까요." "일단 아들에게 순결에 대한 성경 본문을 하루 두 개씩 암송하게 했었어요. 그리고 이번 주에는 아들에게 우리 성인 소그룹에 참석하여 자기 죄를 공개 자백하게 할 거예요."

농담이 아니다.

우리도 십대 부모로서 '어찌해야 할지 몰랐던' 적이 여러 번 있었다. 십대 자녀를 둔 많은 초보 부모처럼 우리도 때때로 자녀에게서 그리스도 안의 참된 정체성에 기초하지 않은 품행을 보며 충격을 받았다. 그 과정에서 애초에 몰랐던 몇 가지 확실한 교훈을 배웠다. 근본적으로 부모는 십대 자녀가 정체성과 관련하여 두 전선에서 싸우고 있음을 알아야 한다. 첫째, 그들도 우리처럼 육신과 싸운다. 그들의 다른 점이라면 아직 이 싸움에 경험이 부족하다는 것뿐이며, 그래서 싸움에 질 때도 있다. 둘째, 우리의 십대 자녀는 그리스도 안의 정체성을 두고 벌어지는 영적 전투를 치르고 있다. 그래서 유혹과 고통을 주요 무기로 휘두르는 외부의 영적 세력에 맞닥뜨릴 때가 있다. 이것은 사도 바울의 에베소서 6장 12절 말씀을 생각나게 하는 아주 치열한 전투다. "우리의 씨름은 혈과 육을 상대하는 것이 아니요 통치자들과 권세들과 이 어둠의 세상 주관자들과 하늘에 있는 악의 영들을 상대함이라." 이것을 알면 십대 자녀가 그리스도 안의 정체성에 어긋나는 행동을 보일 때 우리의 대처법이 달라진다. 부모는 영적 전투에 제대로 된 영적 방식으로 임해야 한다. 당신도 꼭 이렇게 하라는 것은 아니지만 우리가 영적 전투에 임할 때는 다음과 같은 일을 한다.

1. 기도한다

대개 우리는 자녀의 실망스러운 태도와 행동을 맞닥뜨리면 즉각 반응한다. 그러나 즉각 반응하는 자녀 양육이 내 경우는 도움이 안 된 적이 많았다. 반응하기 전에 시간을 내서 기도하라. 영적 전투의 한복판에서 자녀를 기르려면 도움이 필요하다. 시간을 내서 성령의 지혜를 구하라. 자녀의 마음속에서 정말 벌어지는 일이 처음에는 아주 또렷하지 않을 수 있다. 또 당신의 정보가 부족할 수 있다. 자녀가 이 문제로 대화할 수 없는 상태거나 대화할 준비가 되어 있지 않았을 수 있고, 왜 이런 기분이 들어 비정상적인 행동을 하게 되는지 본인도 모를 수 있다. 대개 우리는 주님이 명확히 깨우쳐주셔야만 알 수 있다. 그러니 기도로 성령의 지혜를 구하라. 영적 전투 상황을 누가 하나님보다 더 잘 깨우쳐주겠는가? 이 개념이 당신에게 생소해 보일 것 같아 가상의 상황을 예로 들어보겠다.

문득 당신은 십대 아들의 태도가 자꾸 무례하게 느껴진다. 처음에는 호르몬 탓이겠거니 하고 넘어갔는데 점차 다른 모습도 눈에 띈다. 아들은 분노가 극에 달한 듯 당신에게 소리 지르며 무례하게 자리를 뜬다. 늘 화난 모습이다. 하루는 홧김에 석고 보드로 된 방 벽에 주먹을 휘둘러 구멍을 내기까지 했다. 당신은 처음에 격노했다가 점차 깊은 우려에 잠긴다. 주체할 수 없는 저 무례와 분노의 원인은 무엇일까? 안타까운 마음에 아들에게 몇 가지를 물어본다. "왜 이렇게 화가 난 거니? 너나 우리 집에나 별문제가 없는데 우리한테 왜 이러는 거니?" 아들은 전형적 답변을 내놓는다. 고개를 숙인 채 바닥만 보면서 "모르겠어요"라고 말한다. 답답한 당신은 '이러면 도움이 안 되는데'라는 생각이 든다. 그래서 난감한 마음에 물러나 기도한다. "주님, 주님이 사랑하시는 이 아이를 저도 사랑합니다. 아들도 주님을 사랑하는데 지금 상태가 좋지 못합니다. 자기가 주님의 자녀임을 잊어버렸고, 주님의 평안도 없는 것 같아요. 아버지, 아들이 몹시 화가 나 있는데, 그 원인이 무엇일까요? 주님, 저를 도와주소서. 주님의 지혜를 주셔서 제 눈에 보이지 않는 것을 그 지혜로 보게 하소서. 아멘." 어찌해야 할지 정하려고 방 안을 서성이는 당신에게 문득 떠오르는 생각이 있다. 아들이 몇 달 전부터 먹고 있는 새로운 약이 있다. 당신은 부리나케 복용 설명서를 찾아 거기에 열거된 부작용 가능성을 전부 읽는다. 그제야 모든 것을 이해했다. "이 약은 감정 기복이나 분노나 심한 우울 증세를 유발할 수 있습니다." 이게 다는 아니겠지만, 이것도 한 요인임을 당신은 즉각 깨닫는다. 새로운 약의 부작용을 확인해볼 생각이 어떻게 들었는가? 우리가 기도하면 하나님이 지혜를 주신다. 이런 지혜는 그분에게서 온다. 당신에게 그것이 신통하거나 기적 같거나 심지어 터무니없어 보일지 모르지만, 엄연한 사실이다. 십대 자녀의 태도와 행동이 그리스도 안의 정체성에 부합하지 않을 때, 그들을 양육하려면 하나님의 도움이 필요하다.

2. 당신의 아기와 소통한다는 것을 잊지 말라

지금 당신의 삶에 고통이나 상처나 분노를 유발하는 십대가 여전히 당신의 아기임을 잊지 말라. 사춘기를 핑계로 열두 살 때 '외계인이 그 아이 몸에 들어가' 자녀가 다른 사람이 된 게 아니다. 자녀는 당신의 아기다. 예전에 넘어져 울던 때나 친구에게 장난감을 빼앗겨 화났을 때 당신이 자녀를 사랑했던 것처럼 지금도 사랑해주라. 기도한 후에는 십대 자녀와 정서적으로 소통하라. 모든 것을 천천히 하라. 자리에 앉아서 자녀에게도 곁에 앉으라고 청하라. 직접 물어보라. 그러면 자녀에 관해 억측하는 일을 피할 수 있다. 개방형 질문으로 시작하라. "요즘 정말 화나 보이던데 괜찮은 거니?" 자녀가 즉답하지 않더라도 당신은 자녀에게 자기 이야기를 나눌 기회를 준 것이다. 당장은 이것이 중요해 보이지 않을지 몰라도 장기적으로는 분명히 중요하다.

3. 죄를 지적한다

하나님의 지혜를 구했고 십대 자녀와 소통하여 이야기를 들었으면 이제 죄를 지적할 차례다. 어떻게든 죄를 지적하지 않으려는 부모들이 있으나 이는 잘못된 것이다. 마음과 정체성을 형성할 목적으로 자녀의 태도나 행동을 지적하되 침착하고 지혜롭게 하라. 부모로서 최악의 순간은 죄를 지적하다가 자녀에게 불끈 화낼 때다. 올바른 지적은 잘못된 태도나 행동에 집중하며, 십대 자녀에게 바라는 향후의 행동을 명확히 알려준다. 우리는 죄를 지적할 때마다 기도한다. 자녀에게 겸손한 마음을 주셔서 그것이 회개와 화해와 용서의 언행으로 표현되게 해달라고 기도한다. 매번 곧바로 그렇게 되지는 않지만, 예수님의 제자인 십대는 은혜로 죄를 깨우쳐주시는 성령께 결국 반드시 복종하게 되어 있다.

4. 사람들의 도움을 받는다

우리가 배웠듯이, 십대를 양육하려면 사람들의 도움이 필요하다. 그들은 진정으로 관심을 품고 우리 아이들에게 꾸준히 투자해온 사람들이다. 십대 자녀가 그리스도 안의 정체성에 잘 부합하지 않는 모습을 보일 때면 우리는 얼른 소그룹 리더, 중고등부 목사, 교사, 코치, 상담가 친구에게 도움을 청한다. 이들은 자녀에게 그리스도 안의 정체성을 길러주는 데 매우 중요한 사람들이며, 자녀가 잘못된 길로 빠지기 쉬울수록 특히 더하다. 다른 사람의 개입을 두려워하는 부모들도 있으나 우리는 십대를 양육하는 데 신앙 공동체의 도움이 필요함을 배웠다. 힘든 시기가 닥치거든 그들에게 알리라. 그러면 그들이 쭉 지켜보다가 당신 자녀의 삶에 개입하여, 당신이 집에서 가르치는 것과 똑같이 그들에게 사랑으로 진리를 가르칠 수 있다. 똑같은 말이라도 26세 소그룹 리더가 하면 신기하게도 부모가 말할 때와는 결과가 완전히 달라질 때가 있다. 그러니 두려워하지 말고 사람들의 도움을 받으라.

5. 더 구체적으로 기도한다

십대 자녀의 태도와 행동이 그리스도 안의 정체성에 어긋날 때는 더 구체적이고 전략적으로 기도하는 법을 배우게 되며, 여기에는 치열한 노력이 필요하다. 지금부터의 기도는 십대 자녀와 관련하여 하나님께 받은 지혜에 기초한 것이다. 알고 보니 자녀가 정욕 때문에 힘들어하거나 우울 성향이 있을 수 있고, 그래서 당신은 이제 자녀를 위해 아주 구체적으로 기도할 수 있다. 이것은 십대 자녀에게 그리스도 안의 정체성을 길러주기 위해 성령의 능력으로 원수 마귀와 싸우는 기도다. 이런 기도는 위력이 있다. 자녀의 삶 속에 그리스도로 말미암아 자유와 평안함이 지속되도록 온전히 하나님께 의지하기 때문이다. 기도하고

기도하고, 좀 더 기도하라. 이것이야말로 치열한 자녀 양육에 수반되는 수고다.

    십대 자녀에게 그리스도 안의 정체성을 형성해주는 일은 당신 혼자 하는 것이 아니다. 혼자 해야 한다면 감당할 수 없을 것이다. 힘을 내라. 하나님이 그분의 몫을 하신다. 당신의 십대 자녀는 그리스도 안에서 하나님의 자녀다. 그분이 성령과 말씀으로 역사하여 그들을 그분의 영광을 위해 그분이 바라시는 사람으로 서서히 빚으신다. 그분이 쓰시는 신앙 공동체교회도 당신과 협력하여 그들을 저마다 영향을 미칠 자리로 이끌어줄 것이다. 때가 되면 그들은 산 위에 있는 동네가 되어 어두운 밤에 사람들에게 빛을 비출 것이다. 그들의 행위 때문이 아니라 예수님의 제자라는 정체성 때문에 말이다.

9장.
하나님 앞에서
당신 먼저 해방돼라

자녀 양육 서적을 읽고 나면, 우리가 마땅히 해야 하는데 하지 않고 있는 일이 늘 줄줄이 남아 좌절감이 들거나 기운이 쭉 빠질 수 있다. 그래서 우리가 배운 기도가 있다. 실천할 만한 것을 딱 한 가지만 취하게 해달라고 하나님께 구하는 것이다. 이 책을 마치는 당신에게도 이 생각만 남았으면 좋겠다. '십대 자녀의 마음을 치열하게 추적해야겠구나.' 자녀의 마음을 추적하려면 어떤 상황에서도 평소처럼 일관되게 사랑을 표현해야 하는데, 그게 부모로서 힘들 수 있다. 치열하게 사랑하는 법을 잘 몰라서 말이다. 우리가 자녀를 사랑하면서도 때로 멈칫하는 이유는 자신의 부족함, 위선, 두려움, 깊은 상처가 느껴지기 때문이다. 바로 이런 '주저'가 부모와 자녀 사이를 멀어지게 한다. 그러면 결국 관계가 어정쩡해져 부모의 영향력이 미미해진다. 우리는 왜 주저할까?

가정을 처음 이룰 때 당신과 내게 딸려 오는 제반 요소가 가정의 역학과 각 식구의 형성에 영향을 미친다. 그중에는 긍정적 요소도 있고 부정적 요소도 있다. 부모의 긍휼을 보며 자란 덕분에 우리도 긍휼을 쉽게 베풀 수 있다면 이는 긍정적 요소다. 당신이 정서적, 신체적, 영적으로 건강하다면 그것이 십대 자녀의 건강에 적절한 도움이 된다. 당신이 하나님께 순종하며 그분과 동행하고 있기에 그 부분에서 진정으로 본을 보일 수도 있다.

그러나 사랑을 제대로 표현하여 십대 자녀의 마음을 추적하려 할 때 우리를 주저하게 만드는 것은 부정적 요소다. 그중 더러는 누구에게나 훤히 보인다. 하지만 남몰래 숨겨둔 문제도 영향력은 막강하다. 부정적 요소의 원인은 본인이 과거에 지었거나 현재 짓고 있는 죄일 수도 있고, 다른 사람들이 우리에게 지은 죄로 인한 상처일 수도 있다. 이런 죄에서 생겨나는 문제가 흔히 분노나 우울감, 수치심, 무관심으로 표출된다. 부모의 분노는 십대 자녀를 밀어내고, 우울감이나 무관심은 그들과의 사이를 멀어지게 한다. 또 수치심 때문에 부모는 자녀의 문제 앞에서 속수무책으로 자책에 빠지게 된다. 우선 부모 자신부터 그런 문제를 극복할 수 없기 때문이다. 십대 자녀의 마음을 간절히 추적하고 싶어도, 이런 요새要塞같은 방어벽이 치열한 자녀 양육을 막으며, 우리를 주저하게 만든다. 부모 자신의 건강을 위해서나 십대를 양육하는 여정을 위해서나 우리는 그런 부분을 치유하고 거기서 해방되어야 한다.

요새

그런 부분이 무엇이기에 우리를 포로로 삼고 자녀의 마음을 사랑으로 추적하지 못하게 막는 것일까? 이 질문에 답하려면 몇 가지 진리에 동의해야 하는데, 대개 우리는 자녀 양육과 관련해서는 이런 진리를 깊이 생각하지 않는다. 당신이 잉태되던 순간부터 하나님은 그리스도를 통해 당신의 삶을 위한 영적 목적을 이루어오셨고, 요한복음 10장 10절에 따르면 그 취지는 오로지 당신이 생명을 얻고 더 풍성히 얻게 하려는 데 있다. 풍성한 삶에는 당신의 구원과 영적 건강, 거기서 파생되는 한시적 복과 영원한 복도 포함된다. 그게 다는 아니지만 말이다. 그런데 똑같이 엄연한 사실이 또 있다. 힘이 부족해 이미 패배한 원수가 반대의 취지로 활동해왔다는 것이다. 그의 활동 목적은 삶을 도둑질하고 당신을 죽이고 멸망시켜, 그 결과로 당신의 가장 사랑하는 이들(십대 아들딸도 포함하여)의 삶까지 그렇게 만드는 것이다. 그리스도가 승리하셨으므로 이미 이긴 싸움이건만, 우리 인간은 거짓말을 더 잘 믿는 경향이 있다. 사탄도 그것을 알기에 당신이 아주 어렸을 때부터 시종 당신에게 능숙하게 거짓말을 해왔다. 당신도 여느 사람과 같다면 삶의 특정한 순간순간 거기에 귀를 기울였을 것이다. 그래서 자신이나 하나님에 대해 사실이 아닌 내용을 믿고 있을 수 있다. 요새란 "하나님의 뜻에 어긋나는데 변화가 불가능해 보이는 모든 것"[1]이다. 그것은 우리의 경험과 거짓 신념을 하나님 말씀의 진리보다 앞세우는 그릇된 신념 체계다. 요새는 영적이지만, 그 영향은 몸과 마음과 영혼에 두루 미치며, 없어지기를 바란다고 그냥 없어지지도 않는다. 요새가 무엇인지 아직도 긴가민가하다면 몇 가지 예가 명확한 이해에 도움이 될 것이다. 당신의 삶 속에서도 그것을 간파할 수 있도록 말이다.

두려움은 흔한 요새고 거부도 그렇다. 교만, 수치심, 불신, 정욕, 각종 중독, 용서에 인색한 태도, 우울, 분노, 끝없는 후회도 다 아주 흔한 요새다. 여기에 정서적 또는 영적 트라우마 상처,

---

[1] Gateway Church, Kairos: When Eternity Steps into Time. 2페이지, 2013.

자신이나 하나님이나 타인에 대한 비판, 거짓말에 기반한 맹세까지 더하면 인생의 가장 흔한 요새 목록이 나온다. 원수 마귀의 온갖 술책이 드러나는 셈이다. 그렇다면 이런 요새는 우리 삶 속에 어떻게 생겨날까?

요새 해부도

요새의 예: 두려움, 거부, 교만, 수치심, 불신, 정욕, 중독, 용서하지 않는 마음, 우울, 분노, 후회, 영혼의 속박, 맹세, 비판, 트라우마 등

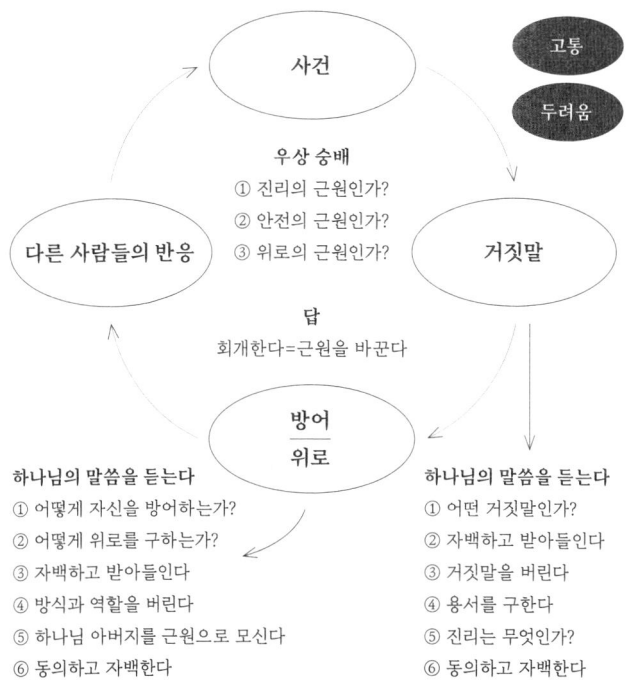

대개 요새는 우리 삶 속의 사건으로 시작된다. 모든 면에서 중대한 사건이다. 사건 중에는 폭행 같은 트라우마도 있다. 우리가 상담했던 에이미가명라는 엄마는 특히 십대 자녀가 단기 선교를 떠나는 일과 관련해서 두려움에 차 있었다. 철저한 심사를 거쳐 자격을 갖춘 성인 교인들이 인솔을 맡았는데도 말이다. 알고 보니 그녀의 두려움은 분명히 어린 시절의 사건에서 기인했다. 믿었던 친척이 그녀를 돌보던 중에 성폭행한 사건이었다. 여덟 살쯤에 벌어진 그 사건이 그녀의 두려움을 유발했고, 이것이 십대 자녀를 양육하는 방식을 포함해 40대인 그녀에게 내내 여러모로 영향을 미쳤다.

그보다 덜 확연한 사건도 있다. 예컨대 당신이 감정을 털어놓았을 때 권위 인물이 보인 반응이 그렇다. 우리가 상담했던 팀이라는 아빠는 완벽주의로 고생하면서, 그 완벽주의를 완벽과는 거리가 먼 십대 자녀에게 투사했다. 함께 기도하며 완벽주의의 원인을 추적하는 과정에서 팀은 초등학생 때 겪었던 한 사건을 떠올렸다. 꼼꼼하게 색칠한 미술 과제물을 교사가 지나가다 보고는 딱 한 군데 '금 밖으로 칠한' 작은 부분을 지적했다. 수고를 인정해주는 긍정적인 말은 없었다. 이것이 촉매제가 되어 팀에게 완벽주의라는 요새가 생겨났고, 그 요새가 그의 가정을 망가뜨리고 있었다.

제프라는 선량한 아빠도 우리에게 상담을 받았다. 열 살 무렵에 그는 동네 친구들과 함께 마을 뒤편 숲속에 참호를 지었다. 산자락 아래로 개울이 흐르던 참호는 근사한 피난처였다. 제프는 꼭 딴 세상에 들어선 기분이었고, 그래서 공기총이나 활과 화살을 들고 그곳에 가면 시간 가는 줄을 몰랐다. 하루는 참호에 들어가니 한 친구가 이제 겨우 열 살을 넘긴 동지들에게 선물한답시고 두고 간 포르노 잡지가 있었다. 바로 이 사건 때문에 정욕이라는 요새를 쌓아 올리게 되었고, 그 요새가 십대 딸을 양육하는 그의 안에 건강하지 못한 두려움을 낳았다.

당신에게는 당신만이 경험한 사건이 있을 것이다. 어떤 사건이든 눈송이처럼 독특하여 사람마다 다 다르다. '인류 보편'의 각종 요새 중에서 마치 각자 평생 싸울 요새가 다르게 배당된 것 같다. 이것이야말로 우리를 완전히 멸망시키려는 사탄의 계략이다.

이런 사건은 대개 고통과 두려움을 유발한다. 갈라디아서 5장 22-23절에서 보듯이, 성령의 열매는 사랑과 희락과 화평과 오래 참음과 자비와 양선과 충성과 온유와 절제다. 두려움이나 고통은 성령의 열매가 아니다. 또 성경은 디모데후서 1장 7절에서 하나님이 우리에게 주신 것은 두려워하는 마음이 아니고, 오직 능력과 사랑과 절제하는 마음이라고 가르친다. 성경의 렌즈로 보면 그 반대도 사실이다. 즉, 우리 삶 속의 요새에서 유발되는 고통과 두려움은 다른 영인 사탄의 열매다. 이런 인식이 중요한 이유는 알게 모르게 모든 인간에게 벌어지고 있는 영적 전투의 증거를 우리 각자의 삶 속에서 볼 수 있기 때문이다. 사도 바울은 에베소서 6장 12절에서 신자들에게 "우리의 씨름은 혈과 육을 상대하는 것이 아니요 통치자들과 권세들과 이 어둠의 세상 주관자들과 하늘에 있는 악의 영들을 상대함이라"고 말한다. 당신 삶 속의 요새까지도 하나님의 섭리 가운데 당신의 영혼과 후손을 위한 영적 전투의 일환으로 쓰인다. 불편한 생각일 수 있으나 성경의 진리가 그렇다.

당신은 현재의 요새를 만들게 된 요인이 된 삶의 사건을 이미 알고 있을 수도 있다. 이 부분을 읽는 동안 하나님이 당신에게 그 사건을 아주 분명히 생각나게 하셨을 수도 있다. 그렇다면 다행이다! 사건을 알아야 요새를 무너뜨릴 수 있다. 그러나 대개 우리는 그런 사건을 억누르고 망각한다. 정서적으로 자신을 보호하기 위해서다. 이럴 때는 그 상황을 알려달라고 성령께 기도해야 한다. 우선 실상을 알아야 하기 때문이다.

요새가 뿌리내리면 그것을 촉발한 사건이 거짓말을 낳는다. 고통과 두려움을 유발하는 사건이 발생하면 누구나 거짓말을 믿기가 아주 쉬워지며, 특히 어린 시절에는 더하다. 그런 순간일

수록 상처로 아프거나 두렵다 보니, 각종 영적 영향력에 과도하게 좌우된다. 바로 이때 원수 마귀가 틈타 거짓말을 속삭인다. 성폭행으로 인해 두려움의 요새가 생겨난 에이미의 경우, 그녀가 믿은 거짓말은 '아무도 믿을 수 없다'였다. 그 거짓말대로 살기로 맹세까지 했다. '다시는 남자를 믿지 않을 거야.' 충분히 이해는 되지만 이 거짓말과 뒤이은 맹세(엄마의 과거)가 십대의 삶(자녀의 현재)에 비참한 영향을 미쳤다. 남자가 인솔하는 단체 활동에는 자녀의 참여를 일절 금지한 것이다. 사건이 거짓말을 낳았고, 그 거짓말이 이제 다음 세대 속으로 스며들었다. 에이미는 십대 자녀에게 어떤 인간도 믿어서는 안 된다고 가르쳤다. 이게 문제가 되는 이유는 성경이 우리에게 하나님을 '아버지'라고 부를 것과 그분께 가는 유일한 길이 인간으로 오신 그리스도 예수를 믿는 것이라고 거듭 가르치기 때문이다. 사탄은 얼마나 간교한가.

완벽주의 아빠 팀도 터무니없는 거짓말을 믿었다. 매사를 완벽하게 해내지 않는 한 자신이 쓸모없다고 믿은 것이다. 그래서 늘 편집증과 열패감에 시달렸다. 그런 거짓말을 믿다 보니 십대 자녀에게까지 완벽을 요구했고, 그럴수록 자녀와의 사이가 멀어졌다. 이 요새 때문에 그는 십대 자녀의 마음을 추적할 수 없었고, 자신이 쓸모없는 인간이라는 감정에서 헤어나지 못했다.

열 살 무렵에 정욕에 빠졌던 제프는 모든 십대 아이에게 어두운 비밀이 있다고 믿었고, 자신의 비합리적 두려움과 과잉보호 때문에 십대 자녀를 믿지 못했다. 믿을 만한 아들들이었는데도 말이다. 십대 자녀를 보호하려는 노력이 오히려 그와 그들 사이에 마음의 단절을 불러왔다. 요새와 거짓말이 만나 두려움을 낳았고, 두려움은 십대 자녀의 마음을 추적하려는 제프의 바람을 무산시켰다. 오히려 자녀와 사이가 멀어지고 정서적 벽이 생겼다. 이 요새는 실제로 경멸을 낳는다. 제프가 자녀에게 하나님 아버지가 잘못을 잡아내려고 늘 그들을 지켜보신다고 말하기 때문이다. 이는 그들의 죄를 아시고도 그 죄를 용서하려고 자기 피로 값을 치르신 사랑의 아버지와는 전혀 다르다. 원수 마귀는 한 세대의 요새를 이용해 다음 세대에게 하나님의 사랑과 복음의 진리를 왜곡한다.

요새를 무너뜨리지 않는 한 그것이 유발하는 고통과 두려움은 평생 계속된다. 악순환인 셈이다. 고통이나 두려움을 겪을 때마다 우리는 자신을 방어하거나 위로하려 한다. 자신을 어떻게 방어하고 무엇 또는 누구에게 위로를 구할지를 대개 요새가 좌우한다. 하나님 이외의 다른 것이나 사람으로 자신을 방어한다면, 이는 명백한 우상 숭배다. 언뜻 그렇게 보이지 않더라도 말이다. 우상 숭배, 그것이 당신을 향한 사탄의 목표다. 우리는 진

통제 등 수많은 방식으로 자신을 고통에서 보호한다. 타인부터 포르노까지 다양한 우상에 의지한다. 앞서 소개한 여러 사례에서 에이미는 방어나 보호가 필요할 때면 두려움 때문에 자신은 물론 아이들까지 고립시켰다. 이런 고립은 에이미에게 무관심과 우울감을 유발했고, 십대 자녀를 고립시켜 보호하려는 그녀의 성향 때문에 자녀는 좌절감을 느끼고 부모에게 분노를 품게 됐다. 완벽주의자 팀이 두렵거나 고통스러울 때 자신을 방어하고 보호한 방식은 상황을 극도로 통제하는 것이었다. 더는 주변을 통제할 수 없을 때는 한술 더 떠서 음주로 도피했다. 이 요새 때문에 그는 십대 자녀의 존경을 잃었다. 그들은 상황이 완벽하지 못하다고 자꾸 더 추락하는 아빠에게 분개했다. 제프는 고통이나 두려움에서 벗어나야 할 때면 즉시 포르노로 되돌아갔다. 이 은밀한 요새가 그와 자녀 사이를 벌려놓았으나, 모두가 그것을 느끼면서도 아무도 짚어내거나 명확히 표현하지 못했다. 아울러 제프에게 가득한 수치심과 분노는 십대 자녀와 마음으로 소통하는 데 악영향을 끼쳤다. 부모의 삶에 이런 요새가 있으면, 두렵거나 고통스러울 때 자신을 방어하고 위로하려는 행동이 항상 다른 사람들의 반응을 유발한다. 그들의 반응은 대개 새로운 사건으로 요새를 더 굳혀주고, 그리하여 전체 사이클이 다시 시작된다. 그 과정에서 가정의 역기능은 곪아 터질 대로 터지고, 부모로서 자녀의 마음을 제대로 추적할 수 있는 가망은 여지없이 무너진다.

대물림되는 죄

부모로서 우리 삶 속의 요새를 찾아내 처치하는 것은 매우 중요하며, 당신의 삶과 가정을 위한 영적 전투의 두 전선에서 꼭 필요하다. 우선 해방은 당신의 영적 건강과 인생 궤도를 위해 중요하다. 요새에 포로로 잡혀 살면 그 생활 방식이 우리의 평안과 건강을 방해하고 하나님을 잘 체험하지 못하게 한다. 그 주된 이유는 요새에서 해방되면 우리가 변화되어 소망과 기쁨과 평안 같은 것들로 충만해지기 때문이다. 이런 변화가 뒷받침되어야 최선을 다해 치열하게 양육하는 부모가 될 수 있다. 부모가 자기 해방을 위해 싸워야 할 이유가 또 있다. 우리의 요새와 거기에 수반되는 죄의 습성은 다음 세대로 전수될 수 있다. 대물림되는 죄란 가족 중 다수의 행동을 지배하는 불경한 영향력이나 성향이 가계家系에 정상으로 수용되거나 묵인되는 현상을 뜻한다. 생각해보면, 그 말을 금방 수긍하게 된다. 아버지가 간음을 일삼으면 아들딸도 자라서 간음하기 쉽고, 부모가 구타

하면 자녀도 훗날 폭력을 쓰는 부모가 되기 쉽다. 평소에 부부 상담을 해봐서 잘 알기에, 우리는 약혼한 커플에게 매번 부모의 결혼 생활이 어땠느냐고 묻는다. 왜 그럴까? 백년해로하는 부부의 자녀일수록 훗날 부부 관계에 끝까지 헌신할 가능성이 매우 크기 때문이다. 그 반대도 사실이다. 이런 예는 흔하고 너무나도 명백하지만, 세대를 잇는 죄는 그 형태와 죄의 정도가 다양하다. 치열하게 양육하는 부모가 인식해야 할 중요한 개념은 죄가 한 세대에서 다음 세대로 전수될 수 있다는 것이다. 하나님을 사랑하고 자녀를 사랑하려면, 우리 삶 속의 요새를 기꺼이 찾아내 거기서 해방되어야 한다.

요새에서 해방되려면

기쁜 소식은 예수님이 우리를 이런 요새에서 해방하려고 오셨다는 것이다. 이사야 61장 1절에 보면 그리스도가 탄생하시기 수백 년 전부터 선지자는 장차 그분이 오셔서 포로를 해방하시리라고 예언했다. "주 여호와의 영이 내게 내리셨으니 이는 여호와께서 내게 기름을 부으사 가난한 자에게 아름다운 소식을 전하게 하려 하심이라 나를 보내사 마음이 상한 자를 고치며 포로

된 자에게 자유를, 갇힌 자에게 놓임을 선포하며." 정말 기쁜 소식이다. 그리스도를 믿는 당신과 내게 요새의 포로 생활이란 가당치 않다. 우리를 해방하시고 상한 마음을 고쳐주려고 그리스도가 정말 오셨기 때문이다. 요새에 매여 있는 많은 사람, 심지어 그리스도인까지도 희망은 없다고 되뇐다. 요새가 난공불락으로 느껴지는 것이다. 그러나 예수님은 더 크신 분이다. 그분이 더 강하시기에 능히 당신을 자유롭게 하신다. 성경은 또 우리에게 "아들이 너희를 자유롭게 하면 너희가 참으로 자유로우리라요 8:36"고 일깨워준다. 그러므로 요새에서 해방되려면 당신을 해방하실 수 있는 예수님을 믿어야 한다.

    요새에서 탈출하려면 하나님 말씀의 진리를 통해 성령이 역사하셔야 하며, 그러려면 예수님이 그분의 피로 능히 당신을 해방하신다는 것을 당신이 믿어야 한다. 영적 전투에서 생겨난 영적 요새인 만큼 영적으로만 함락할 수 있다. 심리학은 인간의 관찰에 기초한 정보를 내놓을 뿐 요새를 무너뜨리기에는 역부족이다. 굴레에서 해방되는 일은 성령의 역사다. 갈라디아서 3장 13-14절을 보면 "그리스도께서 우리를 위하여 저주를 받은 바 되사 율법의 저주에서 우리를 속량하셨으니 기록된바 나무에 달린 자마다 저주 아래에 있는 자라 하였음이라 이는 그리스도 예수 안에서 아브라함의 복이 이방인에게 미치게 하고 또 우리로 하여금 믿음으로 말미암아 성령의 약속을 받게 하려 함이라"고 했다. 여기에 나오는 중요한 진리를 꼭 붙들라. 모든 사람에게 죄의 저주(이런 요새도 포함)가 임했는데, 예수님이 그런 우리를 위해 친히 저주받아 십자가에서 죽으셨다. 피조물에게 은혜를 베푸신 이 이타적 행위를 통해 그분은 하나님의 정의를 충족하셨고, 모든 믿는 사람을 위해 죄의 요새를 확실히 무너뜨리셨다. 그분을 주님으로 고백하는 모든 사람을 죄와 사망의 율법에서 해방하여 영적 승리자가 되게 하신 것이다. 기쁜 소식은 우리가 설령 또 죄를 짓더라도 다시는 죄의 종이 될 필요가 없다는 것이다. "그리스도께서 우리를 자유롭게 하려고 자유를 주셨으니 그러므로 굳건하게 서서 다시는 종의 멍에를 메지 말라"고 한 갈라디아서 5장 1절 말씀과 같다. 그리스도 덕분에 우리는 성령의 능력으로 죄에서 벗어나 새롭게 살아갈 수 있다. 갈라디아서 5장 16-17절에서 바울은 신자들에게 육신의 요새에서 벗어날 것을 당부한다. "내가 이르노니 너희는 성령을 따라 행하라 그리하면 육체의 욕심을 이루지 아니하리라 육체의 소욕은 성령을 거스르고 성령은 육체를 거스르나니 이 둘이 서로 대적함으로 너희가 원하는 것을 하지 못하게 하려 함이니라." 우리가 갈구하는 자유를 얻으려면 성령을 따라 행해야만 한다. 어떻게 그런 여정에 오를 것인가?

우선 우리는 기도로 이런 요새에 대한 지혜를 구한다. 이번 장을 읽으면서 '내게는 아무런 요새도 없다'라는 생각이 들었더라도, 혹시 숨어 있을지 모르는 부분을 보여달라고 하나님께 계속 기도하라. 어떤 죄나 불신의 뿌리는 어느새 너무 정상처럼 느껴져 당신에게 아예 보이지 않을 수도 있다. 그래서 성령의 음성을 들어야 한다. 나는 그동안 하나님께 우리 삶 속에서 나나 가족이나 후손에게 해로운 요소를 보여달라고 구하면, 그분이 신실하게 말씀해주시는 것을 경험했다. 성령의 음성을 분별하는 일은 그다지 복잡하지 않다. 또 성령이 하시는 말씀은 절대 성경과 모순되지 않으며, 빛이 어둠을 비추듯 숨어 있는 것을 늘 드러낸다. 이런 요새를 보여달라고 기도하면, 그분은 '직관적으로 깨달을 수 있도록'(더 좋은 표현이 떠오르지 않는다) 말씀하실 것이다. 우리가 할 일은 성령이 들려주시는 말씀을 기록한 뒤 정말 그분의 음성인지 하나님 말씀과 대조하여 확인하는 것이다.

십자가 앞으로 나아가라

해방에 이르려면 기도로 십자가 앞에 나아가야 한다. 해방을 구하는 시간에는 조용한 곳을 찾아 하나님과 단둘이 있는 게 중요하다. 성경과 공책만 가지고 그분을 독대하라. 두렵거든 당신이 요새에서 해방되기를 하나님께 구하는 동안, 믿을 만한 친구에게 당신을 위해 기도해달라고 부탁하라. 당신이 기도하는 동안 다른 신자들에게 곁에 있어 달라고 하거나 당신 방이나 사무실이나 옷방 바깥에 앉아 구체적으로 당신을 위해 중보 기도해달라고 해도 좋다.

우선 예배하는 마음으로 하나님을 찬양하라. 그러면 당신의 마음이 그분의 마음에 맞추어진다. 겸손히 복종하는 바른 자세로 능히 모든 요새를 무너뜨리고 모든 죄에서 우리를 해방하시는 분으로 하늘 아버지를 높이게 된다. 찬양한 뒤에는 앞서 소개한 요새 해부도를 쭉 따라가며 기도하면 좋다. 다음 4단계 지침을 보면 어떻게 기도해야 할지 알 수 있다.

1. 당신의 삶 속에 요새가 생겨난 발단이나 원인이 된 과거 사건을 보여달라고 성령께 기도하라

성령의 음성을 들을 귀를 주시고, 그분께 마음을 열게 해달라고 기도하라. 성령이 그런 사건(들)을 떠오르게 하시거든 공책을 펴서 기록하라. 시간이 걸릴 수 있다. 해당 사건에 대해 기억나는 모든 것을 성령이 보여주시는 대로 최대한 명료하게 적으

라. 사건과 관련하여 당신이 느꼈던 고통이나 두려움도 기술하라. 고통이나 두려움을 유발한 요인이 무엇인지 최대한 구체적으로 적으라.

2. 하나님이나 자신이나 타인에 대해 당신이 믿어온 거짓말로 인해 견고한 요새가 된 것이 있다면 드러내달라고 하나님께 간구하라

"어떤 거짓말인가요?"라고 여쭌 뒤 그분의 음성을 들으라. 성령이 당신의 영혼에 보여주시는 것은 무엇인가? 종종 하나님은 일곱 가지 핵심 거짓말 중 하나를 보여주신다. '나는 무능하다. 쓸모없다. 비호감이다. 사랑스럽지 않다. 외톨이다. 모자란다. 무력하다.' 성령이 보여주시는 거짓말(들)을 구체적으로 기록하라.

3. 거짓말에 정면으로 맞서게 해달라고 주님께 도움을 구하라

자신이 믿어온 거짓말을 알았거든 하나님께 그대로 자백하고 그분의 용서를 구하라. 이런 식으로 기도하면 된다. "제가 여태껏 존중받으려면 완벽해야 한다고 믿어왔음을 이제야 깨달았습니다. 분명히 거짓말이지요. 완벽함이 주님께 사랑받고 사람들에게 받아들여지는 조건이라 믿었던 저를 용서하소서." 거짓말을 버리고 진리로 대체하라. "주님, 제 삶에 들어온 완벽주의라는 거짓말을 버립니다. 그 대신 완벽한 인간은 없다는 진리를 믿기로 결단합니다. 주님이 은혜로 저를 사랑하시며 십자가에서 피 흘려 저를 의롭게 하셨음을 믿습니다." "주님의 말씀을 보니, 주님은 제가 아직 죄인 되었을 때부터 저를 사랑하셨고, 완벽하지 못한 저를 해방하려고 죽으셨습니다." "주님의 말씀을 보니 제 부족한 행위로는 주님의 사랑을 얻을 수가 없습니다. 그래서 주가 먼저 저를 사랑해주셨고, 제가 완벽해서가 아니라 주님의 피조물이라서 사랑하신다는 것을 알았습니다." 이 모든 문장을 공책에 적고 소리 내어 따라 읽으며 기도하라. 나중에 원수 마귀가 이 모든 게 당신의 상상일 뿐이라고 다시 거짓말할 것이다.

4. 고통과 두려움이 닥칠 때 당신이 방어와 위로를 구하는 우상 숭배 방식을 보여달라고 성령께 기도하라

이렇게 기도하라. "주님, 제가 어떻게 자신을 방어하며, 주님의 방식이 아닌 방식으로 위로를 구하는지 보여주소서." 그런 방식을 주님이 보여주시는 대로 공책에 기록하고 회개하라. "주님, 방어나 위로가 필요할 때 건강하지 못한 방식으로 술이나 포르노나 타인(당신에게 해당하는 것을 대입하라)을 의지하는 저를 용서하소서. 그 방식을 예수님의 이름으로 버립니다. 주님을 제

방어와 위로의 근원으로 모십니다. 하나님 아버지께서 친히 저를 방어해주시고 예수님의 이름으로 위로해주소서." 회개할 때 당신은 기존의 근원을 버리고 하나님을 의지하는 것이다. 기도라는 영적 행위를 통해 당신 삶 속의 우상을 부수고 참된 방어와 위로의 유일한 근원이신 하나님께로 돌이키는 것이다. 재차 말하지만, 이 모든 내용을 기록하고 소리 내어 기도하라. 당신을 해방해주실 하나님을 믿으라. 그분은 당신을 참으로 자유롭게 하신다.

이상의 4단계 기도는 요새에서 해방되기 위한 기초에 불과하지만, 그래도 당신을 새로운 차원의 자유로 이끌어준다. 당신의 삶에 배어든 우상 숭배가 앞으로도 당신을 유혹해올까? 아마 그럴 것이다. 하지만 이제 당신은 해방되었기 때문에 성령으로 말미암아 덫을 간파하고, 진리로 유혹에 맞서 싸우며 기도할 수 있다. 훈련 삼아 십자가 앞에 자주 나아가 당신의 마음과 생각과 영혼을 하나님께 맞추라. 그분을 방어와 위로의 온전한 근원으로 의지하라.

십대 자녀의 해방을 위해 싸우라

부모가 자신의 요새에서 해방되면, 십대 자녀의 삶 속에 있는 요새도 부모의 영적 눈에 더 잘 식별된다. 자녀의 요새는 당신이 대물림한 죄라서 섬뜩하리만치 낯익어 보일 수도 있고, 그들만의 독특한 경험과 당신이 모르는 사건 때문에 색다르게 보일 수도 있다. 원인이야 무엇이든 십대 자녀의 삶에서 요새가 보이거든 자녀의 영적 해방을 위해 치열하게 싸워야 한다. 이 싸움도 기도로 이루어지며, 과정은 부모 자신이 요새에서 해방되려 할 때와 똑같다. 이제 우리는 자녀를 위해 십자가 앞으로 나아간다. 똑같은 4단계, 똑같은 절차, 똑같은 요새 해부도를 활용하라. 유일한 차이라면 하나님께 자녀의 삶 속에 숨어 있는 것을 보여달라고 구해서, 그들의 요새에 예수님의 이름으로 대항하여 기도하는 것이다. 이런 중보 기도가 자녀를 위한 우리의 영적 전투다. 우리는 하나님께 자녀가 믿어온 거짓말을 알려달라고 기도해서 거기에 맞게 그들을 돕는다. 그들이 믿는 거짓말을 그들에게도 친히 깨우쳐달라고 기도한다. 또 그들의 삶 속에 있는 우상을 부수시고, 그들을 방어와 위로의 근원이신 그리스도께로 이끌어주시기를 성령께 구한다. 자녀에게 그들의 굴레를 보여주시고, 그리스도 안에서 그들을 해방해주시기를 하나님께 간구한다. 이것은 치열한 기도의 수고다. 우리도 십대 자녀를 기르면서 비로소 깨달은 점이지만, 영적 전투는 기도를 통해서만 가능하다. 십대는 포르노나 완벽주의나 기타 요새에 빠지기 쉬우며, 실제로 원수 마귀가 작정하고 그들의 삶에 요새를 만들어낸다. 부모인 우리가 아니면 누가 그들을 위해 기도하겠는가? 대다수 부모는 십대 자녀를 위해 기도로 싸우는 법을 모르고, 대다수 십대는 요새가 무엇인지조차 모른다. 그래도 자녀를 위해 기도로 싸우라. 자녀에게 요새와 우상 숭배에 대해 가르치고 이런 기도도 가르쳐주라. 이것은 영적 전투며, 해방은 성령의 역사를 통해서만 이루어진다.

소녀 헤이즐

옛날에 헤이즐이라는 여자아이가 있었다. 몹시 슬픈 소녀였다. 엄마가 두 딸 중에서 유독 다른 딸 데이지만 사랑했기 때문이다. 그야말로 편애였다. 서글프게도 엄마는 헤이즐을 싫어하여 정서적으로 방치했다. 엄마의 사랑과 인정을 받아보려고 헤이즐이 여러 해 동안 갖은 애를 썼지만 허사였다.

그러던 어느 날 헤이즐의 삶에 한 줄기 희망이 비쳤다. 친할머니가 헤이즐의 가족과 같이 살게 되어, 이 슬픈 소녀와 한방, 한 침대를 쓰게 된 것이다. 알고 보니, 할머니는 독실한 그리스도인이었다. 함께 보내는 시간이 워낙 많다 보니 소녀는 엄마에게 받지 못한 사랑과 긍휼을 할머니에게서 받을 수 있었다. 헤이즐은 예수 그리스도의 사랑과 희생을 배웠고, 자신이 특별한 목적을 위해 하나님과 함께 살도록 지어졌다는 사실도 깨달았다.

열다섯 살 때 헤이즐은 공동체 무도회에서 세실이라는 '멋진 왕자'를 만났다. 아버지는 비록 딸의 혼기가 덜 찼어도 결혼하면 삶이 더 행복해질 것을 알았기에 곧 둘의 결혼을 허락했다. 멋진 왕자 세실도 주님을 사랑했고, 헤이즐에게 그리스도의 사랑을 베풀었다. 헤이즐은 아주 슬픈 환경을 점차 극복할 수 있었고, 그녀의 삶은 변화되었다. 그리스도 안에서 새로운 정체성을 얻고 과거에서 해방된 결과였다.

11년 후에 헤이즐은 딸을 낳고 엄마가 되었다(나중에 아들도 낳았다). 두 자녀 메이블과 세실 주니어를 그녀는 지극히 사랑하고 귀히 여겼다. 자신을 학대했던 친정어머니와는 사뭇 다른 엄마가 된 것인데, 이는 그리스도 덕분이었다. 평생 헤이즐은 자녀와 손주와 증손에게 그리스도의 사랑을 베풀고 나누었다. 그 손주 중 하나가 바로 내 아내 앤절라이고, 아내의 어머니가 이 기독교 유산을 물려받아 다시 우리 딸들에게 사랑으로 열심히 전수했다. 우리의 세 아이 헤일리, 매들린, 이든은 헤이즐의 증손이다. 아내가 우리 아이들에게 그리스도의 진리와 사랑을 의지적으로 가르칠 수 있음은 선물이자 특권이다. 오래전 헤이즐에게 신앙과 자유를 선물로 주신 하나님께 감사드린다. 헤이즐이 그리스도 안에서 과거의 학대에서 해방된 덕분에 우리 집안이 송두리째 달라졌다. 분노와 학대가 대물림될 수도 있었는데, 그것이 사랑과 귀한 유산으로 바뀌었다.

한 사람이 해방되면 모든 것이 달라진다

자녀를 치열하게 양육하기 위한 부모의 해방은 가치 있는 일이다. 우리 집안의 사례에서도 보았듯이, 헤이즐은 학대받던 딸이었는데 나중에 신앙의 기둥이 되어 그리스도 안의 자유를 유산으로 남겼다. 요새에서 벗어나는 당신의 해방이 어떻게 자녀와 손주와 증손을 송두리째 달라지게 할 수 있을까? 이야기가 아직 진행 중이긴 하지만, 집안의 한 사람이 해방되면 분명히 모든 것이 달라진다. 이것은 가치 있는 싸움이며, 전쟁은 주님께 속한 것이다. 우리가 신실하게 그분을 의지하면 그분이 포로를 해방하신다.

맺는말

'치열하다'라는 말은 흥미로운 단어다. 물론 부정적으로 '헬리콥터 부모'에게 쓸 수도 있다. 늘 주변을 맴돌며 십대 자녀의 삶에 사사건건 간섭하는 부모 말이다. '보아뱀 부모'에게도 그 단어를 쓸 수 있다. 통제를 놓칠까 봐 두려워서 끊임없이 옥죄는 부모다. 그러나 우리가 말하는 '치열한 자녀 양육'은 그 둘과는 거리가 멀다.

치열한 자녀 양육의 기초는 치열한 사랑이라는 핵심 가치에 있다. 그것은 절대 멈추거나 흔들리거나 끊기지 않는 사랑이다. 이타심과 희생과 수고로 점철된 일편단심의 애정이다. 치열한 자녀 양육은 자녀가 일부러 사랑으로 반응하지 않을 때도 십대 자녀의 마음을 추적하는 것이다. 굽힐 줄 모르되 상대를 숨 막히게 하지는 않는 건강한 추적이다. 치열한 부모는 자녀에게 과몰입하거나 자녀를 지배하지 않는다. 십대 자녀의 마음을 간절히 추적하려면 리더십과 사랑이 있어야 하고 진리를 수호해야 한다. 자녀를 치열하게 사랑하고 양육하려면, 하나님만이 주실 수 있는 지혜와 은혜가 필요하다.

예수님이 우리를 어떻게 사랑하시는지 생각해보라. 하나님이 어떻게 자녀를 끈질기게 사랑하고 이끄시는지 묵상해보라. 그분은 한결같이 너그러우시며 기적과 일상을 병용하신다. 우리를 은혜와 진리 쪽으로 목양하시는 온전하신 아버지시다. 또한 우리의 본보기요, 근원이시다. 십대 자녀를 치열하게 양육하려면 우리에게 지혜와 인내, 진리, 은혜, 사랑, 평안이 필요하다. 권하노니 이 여정에 혼자 오르지 말라. 십대 자녀를 기르는 여정에서 우리는 힘든 날도 있지만 기쁨도 누린다. 기쁨은 우리의 근원이신 예수님에게서 얻을 수 있다. 중요한 일일수록 우리 힘으로는 할 수 없으며, 영적 파장을 미치는 일이라면 특히 더하다. 예수님은 요한복음 15장 5절에서 제자들에게 분명히 말씀하셨다. "나는 포도나무요 너희는 가지라 그가 내 안에, 내가 그 안에 거하면 사람이 열매를 많이 맺나니 나를 떠나서는 너희가 아무것도 할 수 없음이라." 치열한 자녀 양육이란 시종일관 그리스도 안에 거한다는 뜻이기도 하다. 십대 자녀를 양육하고 날마다 사랑으로 추적하려면 그분이 필요하다. 늘 그분과 연결되어 있으라. 이 일을 혼자 하려고 하지 말라. 그리스도 안에 거하며 그분의 무한한 능력을 의지하면, 기쁨과 소망과 지혜를 얻는다.

이 여정에서는 하루하루가 다 중요하다. 우리 삶은 대체로 평범하고 일상적이다 못해 어느 정도 단조로운 나날의 연속이다. 바로 이런 전형적 일상에서 우리는 치열한 자녀 양육에 최선을 다한다. 신명기 6장 4-7절에 그렇게 나와 있다. "이스라엘아 들으라 우리 하나님 여호와는 오직 유일한 여호와이시니 너는 마음을 다하고 뜻을 다하고 힘을 다하여 네 하나님 여호와를 사랑하라 오늘 내가 네게 명하는 이 말씀을 너는 마음에 새기고 네 자녀에게 부지런히 가르치며 집에 앉았을 때에든지 길을 갈 때에든지 누워 있을 때에든지 일어날 때에든지 이 말씀을 강론할 것이며." 이것이 우리에게 주어진 방책이다. 우리는 매일의 평범한 순간 속에서 치열하다. 십대 부모로서 자녀의 마음을 추적한다. 이것은 자녀에게도 중요하고 당신에게도 중요하다. 예수님의 나라를 확장하는 데도 중요하고, 그리스도를 믿는 신앙의 유산을 물려주는 데도 중요하다. 친구여, 당신에게 은혜와 평강이 있기를 기원한다.